Frédérique Alexandre

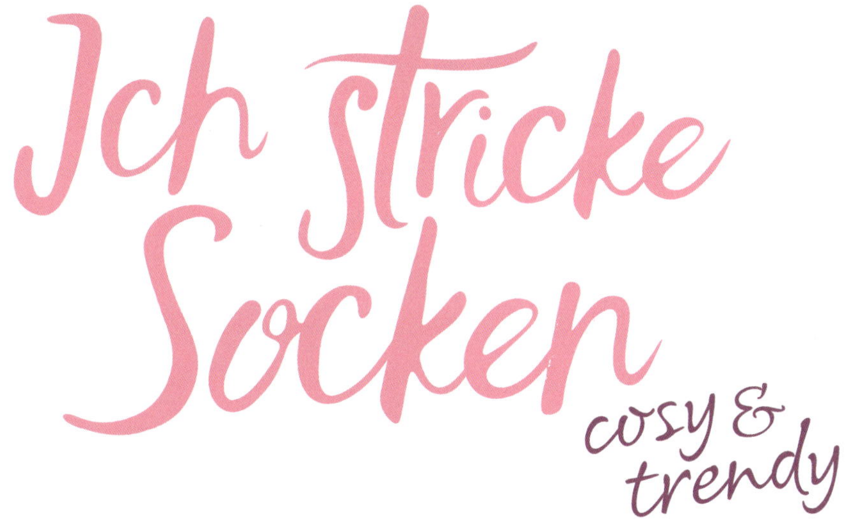


20 Anleitungen für
Socken, Söckchen, Kniestrümpfe,
Stulpen & Co.

Bassermann

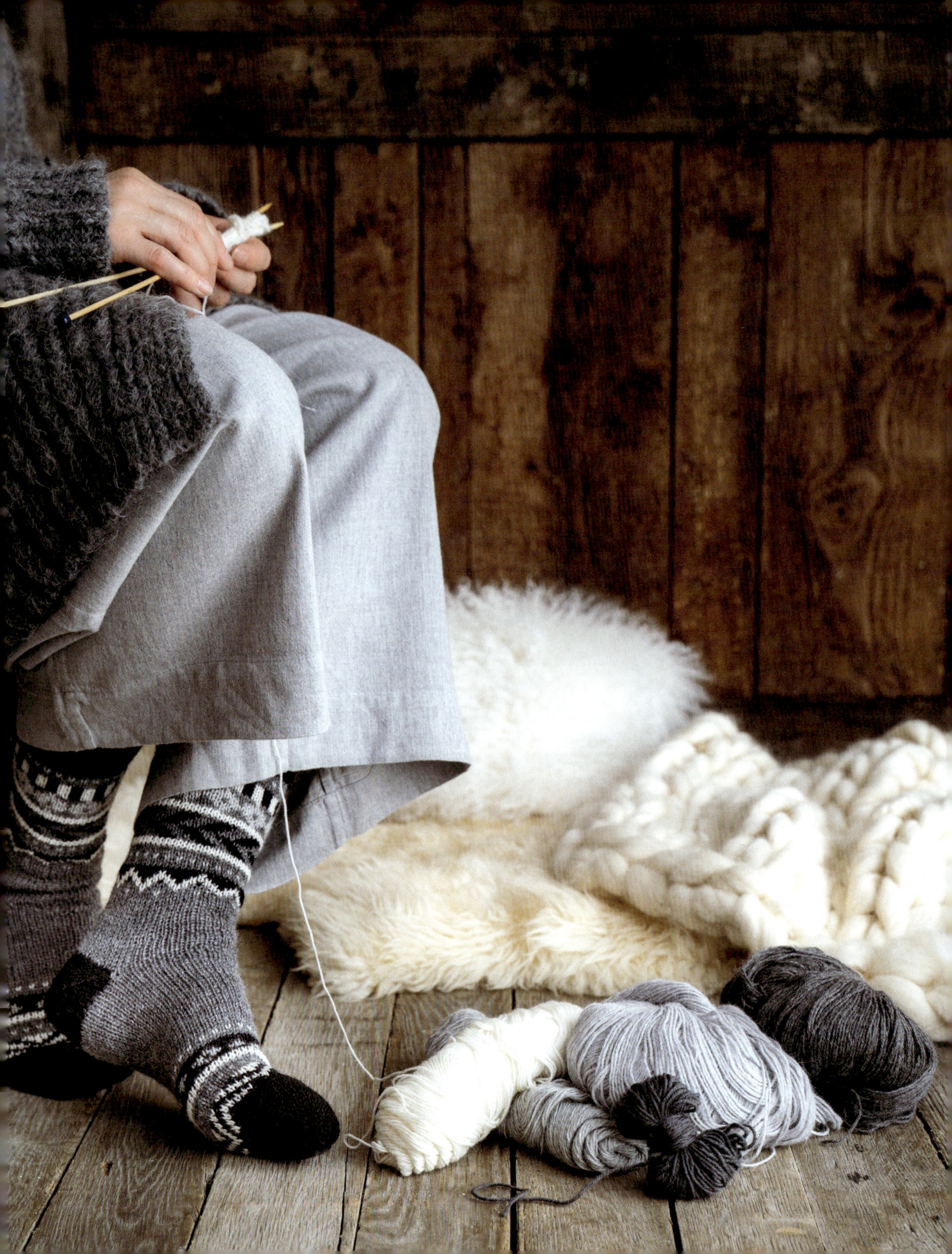

Frédérique Alexandre

# Ich stricke Socken

## Was Sie schon immer über Socken wissen wollten ...

Eine Socke besteht aus vier Partien: Schaft, Ferse, Fuß und Spitze.

Socken können von oben nach unten oder von unten nach oben gestrickt werden. Das heißt, man kann entweder am Schaft oder an der Spitze beginnen.

Man kann Socken zunächst als Schlauch stricken, diesen an passender Stelle aufschneiden und die Ferse hinzuzufügen.

Man kann die Maschen vom Beginn der Arbeit aufnehmen und die Spitze in der Gegenrichtung stricken.

Man kann Socken mit einem Nadelspiel aus 5 kurzen Nadeln (4 Nadeln plus 1 Arbeitsnadel), mit 3 biegsamen Sockenstricknadeln (2 Nadeln plus 1 Arbeitsnadel) oder noch einfacher mit einer Rundstricknadel stricken. Dabei markiert man den Rundenbeginn, Farbwechsel, Musterwechsel oder den Beginn einer anderen Sockenpartie mit Maschenmarkierern.

Der Rundenbeginn wird in der Regel an die Rückseite der Socke gelegt, denn dort fällt er am wenigsten auf.

Wenn Sie nicht gern rundstricken, können Sie auch in Reihen arbeiten. Sie müssen dann aber eine zusätzliche Masche für die Naht hinzufügen und die Socke an der Rückseite mit einer möglichst schmalen unsichtbaren Naht zusammennähen. Um glatt rechts zu stricken müssen Sie in diesem Fall die Hinreihen rechts und die Rückreihen links stricken, wohingegen man beim Rundstricken alle Runden rechts strickt.

Wünschen Sie sich noch umfassendere Informationen, dann sehen Sie sich im Internet um. Dort finden Sie eine große Auswahl an Videotutorials zu Themen rund um die Stricksocke, zum Beispiel über Stricknadeln oder unterschiedliche Methoden zum Anschlagen und Abketten von Maschen oder auch über verschiedenen Methoden, um Fersen und Spitzen von Socken zu stricken.

Für die Socken in diesem Buch werden verschiedene gängige Techniken eingesetzt, damit Sie unterschiedliche Methoden ausprobieren können. Jetzt müssen Sie nur noch herausfinden, welche Methode Ihnen am meisten liegt.

**Viel Spaß beim Stricken wunderschöner Socken!**

**Frédérique Alexandre**

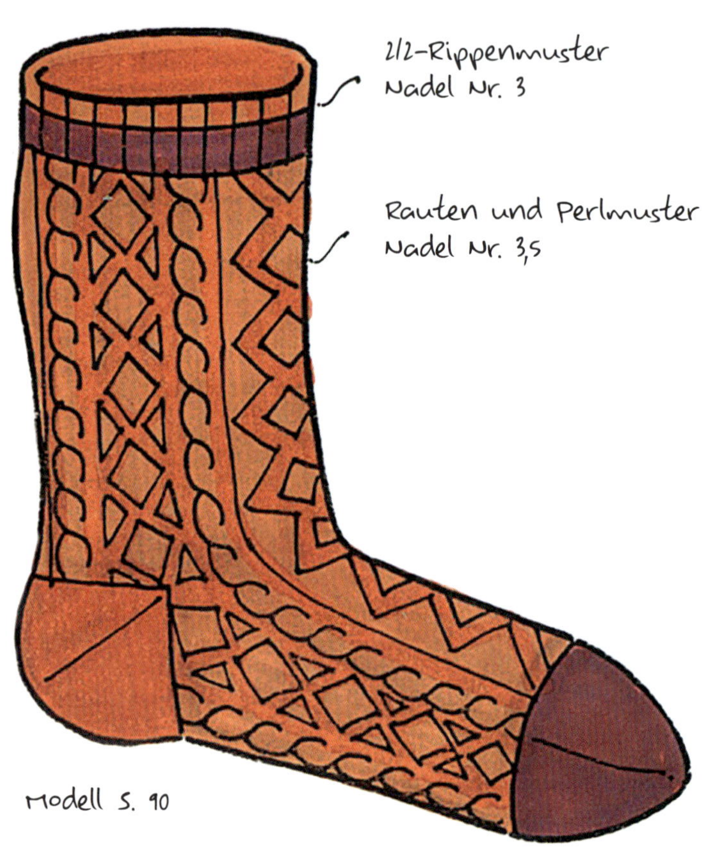
2/2-Rippenmuster
Nadel Nr. 3
Rauten und Perlmuster
Nadel Nr. 3,5

Modell S. 90

# Inhalt

## Abkürzungen und allgemeine Hinweise

M = Masche

re zus = rechts zusammenstricken

re überz zus = rechts überzogen zusammenstricken

li zus = links zusammenstricken

wdh = wiederholen

Ajour = 2 Maschen rechts zusammenstricken, 1 Umschlag

Angaben zwischen Sternchen *xxx* werden wiederholt. Die Anzahl der Wiederholungen wird angegeben, z. B. *2 M links, 2 M rechts*; von * bis * noch 2-mal wiederholen.

Die meisten Modelle können in mehreren Größen angefertigt werden. Die Größenangaben stehen am Beginn jedes Projekts. In den Anleitungen selbst werden die abweichenden Maschenzahlen nach folgendem Schema angegeben: 2 – 4 – 6 M = 2 Maschen bei der ersten Größe, 4 Maschen bei der zweiten Größe und 6 Maschen bei der dritten Größe. Die Anzahl von Wiederholungen wird analog angegeben: 2-, 3-, 4-mal wiederholen.

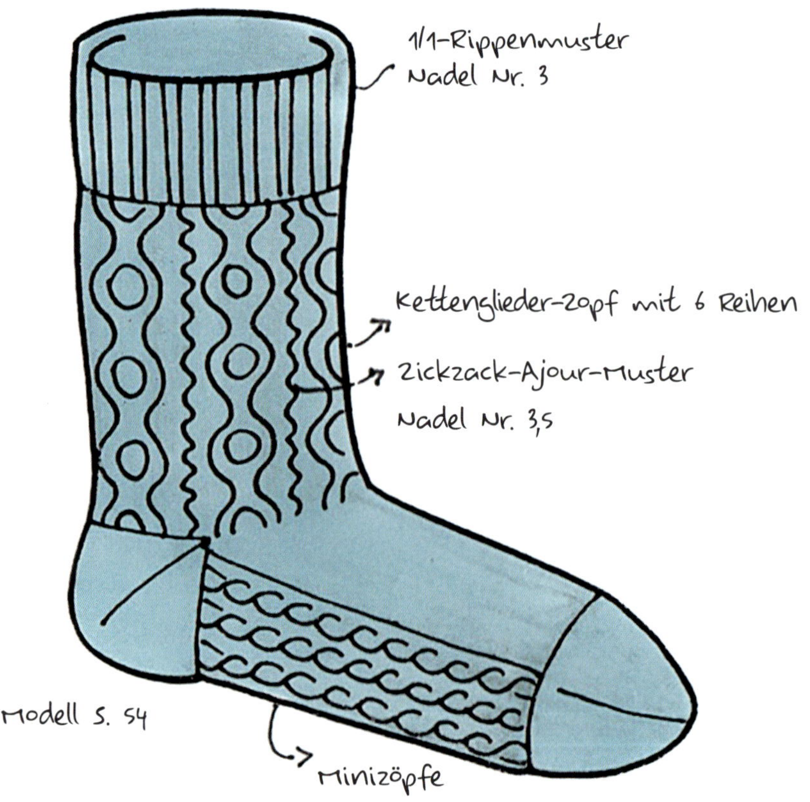

# Ferse mit verkürzten Reihen: Bumerangferse mit Wickelmaschen (Wickelmaschenferse)

**(Modelle Nr. 1 – 2 – 5 – 6 – 7 – 8 – 10 – 13 – 15 – 18)**

## 1. Teil

1. Reihe: Bis vor die letzte M alle M rechts stricken, den Faden wie zum Linksstricken vor die Arbeit legen. Die letzte ungestrickte M hinter dem Faden von der linken auf die rechte Nadel abheben. Die Arbeit wenden.

2. Reihe: Mit dem Faden vor der Arbeit die 1. ungestrickte M von der linken auf die rechte Nadel abheben, die folgende M links stricken (die 1. M ist nun vom Faden umwickelt = Wickelmasche), dann bis vor die letzte M alle M links stricken. Den Faden wie zum Rechtsstricken hinter die Arbeit legen und die letzte M abheben, ohne sie zu stricken. Wenden.

3. Reihe: Den Faden um die 1. M herum hinter die Arbeit legen, die 1. M abheben, bis 1 M vor die ungestrickte M alle M rechts stricken. Umwickeln (Wickelmasche) und wenden.

4. Reihe: Die 1. M abheben, bis 1 M vor die ungestrickte M alle M links stricken. Umwickeln (Wickelmasche) und wenden.

Die 3. und 4. Reihe bis zur in der Anleitung angegebenen Maschenzahl wiederholen. Damit ist die Hälfte der Ferse fertig.

## 2. Teil

1. Reihe: Bis zur umwickelten M die mittleren M rechts stricken. Zum Stricken der folgenden M zugleich in die M und die Umwicklung einstechen. Die folgende M umwickeln (sie ist nun 2-mal umwickelt). Wenden.

2. Reihe: Die 1. M (= die 2-mal umwickelte M) abheben und alle M links stricken bis zur 1. ungestrickten umwickelten M. Diese M links stricken und dabei die Umwicklung mit abstricken. Die folgende M umwickeln (sie ist nun 2-mal umwickelt). Wenden.

In den folgenden Reihen stets rechte oder linke M stricken, dabei an der 1. M beide Umwicklungen mit der M zusammen abstricken. So fortfahren, bis wieder die ursprüngliche Maschenzahl der Ferse erreicht ist.

Alle M wieder auf eine Rundstricknadel legen.

In der 1. folgenden Runde müssen vielleicht 1 oder 2 M aufgenommen werden, um eventuell entstandene kleine Löcher zu schließen.

Diese M müssen in der nächsten Runde wieder abgenommen werden, um erneut die angegebene Maschenzahl zu erreichen.

# Gerippte oder verstärkte Käppchenferse

**(Modelle Nr. 3 – 17)**

Für die gerippte oder verstärkte Käppchenferse werden die M der Fußsohle (in der Regel die Hälfte der Gesamtmaschenzahl) gestrickt, während die M des Fußrückens auf einem Hilfsfaden oder Maschenhalter stillgelegt werden.

### 1. Teil

Es wird auf Nadelspielnadeln in Reihen gestrickt, gerippt oder glatt rechts verstärkt. In jeder 2. Reihe jede 2. M abheben, in Hinreihen mit dem Faden hinten oder in Rückreihen mit dem Faden vor der Arbeit. Durch die so entstehende doppelte Lage wird die Ferse haltbarer.

Die in der Anleitung angegebene Anzahl von Reihen stricken.

### 2. Teil

Die Fersenmaschen in 3 Partien teilen. Die M der mittleren Partie in Reihen glatt rechts stricken, dabei in jeder Reihe die letzte M mit der 1. M der angrenzenden seitlichen Partie zusammenstricken. So fortfahren, bis keine seitlichen M mehr übrig sind.

### 3. Teil

Auf der Rundstricknadel die Fersenmaschen glatt rechts stricken, dabei in der 1. Runde die Maschen an der Seite der Fersenwand aufnehmen, am Übergang von Ferse und Fußrücken 1-2 M aufnehmen, um Löcher zu vermeiden. Die stillgelegten Ristmaschen wieder aufnehmen und glatt rechts oder im Muster stricken. Am Übergang zur Ferse 1-2 M aufnehmen, die M der anderen Seite der Fersenwand aufnehmen und rechts stricken.

Nach der Anleitung weiter in Runden stricken.

# Nachträgliche Ferse

**(Modelle Nr. 9 – 11 – 14 – 16 – 20)**

Um die Ferse zu markieren und später beim Aufschneiden den Faden besser zu erkennen, in der angegebenen Runde die Maschen der Fußsohle beiderseits des Maschenmarkierers mit einem kontrastfarbigen Garn rechts stricken. Dann in der angegeben Farbe weiterarbeiten und die Socke zu Ende stricken.

Für die Ferse einfach den kontrastfarbigen Faden mit einer kleinen spitzen Schere aufschneiden, das Kontrastgarn entfernen und die Maschen auf eine Rundstricknadel legen. Dafür zuerst die Maschen direkt unterhalb und oberhalb des Kontrastgarns auf jeweils eine Nadelspielnadel aufnehmen.

Den Kontrastfaden aufschneiden und die Fadenreste entfernen. Die Maschen von den Nadelspielnadeln auf eine Rundstricknadel legen und mit diesen Maschen drei Runden rechts stricken. Dann je nach Modellanleitung mit den Abnahmen beginnen.

Der Vorteil der nachträglichen Ferse ist, dass man sie erneuern kann, wenn sie abgetragen ist. Dazu einfach die Maschen erneut aufnehmen und neu stricken.

Modell S. 50

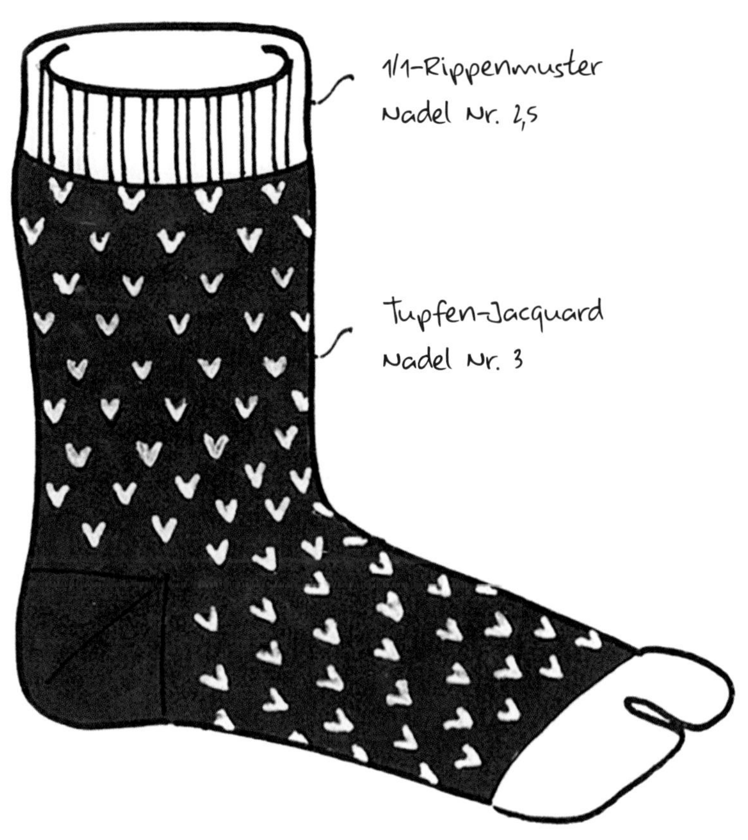

Modell 1

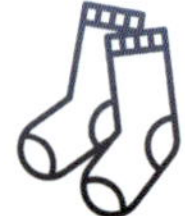

# Dreifarbige Ringelsocken

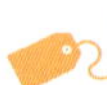

## Größen

36/37 – 38/39 – 40/41

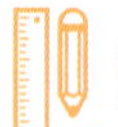

## Material

- Garn: ALPACA SOXX 4-fach von Lang Yarns (70 % Alpaka, 30 % Polyamid)
  Je 1 Knäuel (à 100 g) in den Farben Ocker 1062.0050 – Dunkelgrau Melange 1062.0105 – Hellgrau Melange 1062.0003
- Rundstricknadeln Nr. 2,5 und Nr. 3
- Nadelspiel Nr. 3
- Maschenmarkierer

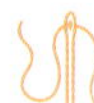

## Muster und Maschen

**1/1-Rippenmuster:** Die Maschenzahl ist teilbar durch 2.
1. Reihe: *1 M rechts, 1 M links*, von *bis* stets wiederholen. In den folgenden Reihen die rechten M rechts, die linken M links stricken.

**Glatt rechts:** abwechselnd 1 Reihe rechte M und 1 Reihe linke M stricken. Diese beiden Reihen stets wiederholen.

**2 Maschen rechts überzogen zusammenstricken (2 M re überz zus):** 1 M abheben, die folgende M rechts stricken und die abgehobene M über die gestrickte M ziehen.

**3 Maschen rechts überzogen zusammenstricken (3 M re überz zus):** 1 M abheben, die folgenden 2 M rechts zusammenstricken und die abgehobene M über die gestrickte M ziehen.

**3 Maschen rechts zusammenstricken (3 M re zus):** in 3 M zusammen wie zum Rechtsstricken einstechen und sie rechts zusammenstricken.

## Maschenprobe

Diese ist notwendig, damit die Strickarbeit die richtige Größe erhält.

Glatt rechts mit Nadel Nr. 3:
26 M × 34 Reihen = 10 × 10 cm.

## Anleitung

Die Socke wird von oben gestrickt. Die Ferse ist eine Bumerangferse mit Wickelmaschen.

### Schaft

Mit der Rundstricknadel Nr. 2,5 in Dunkelgrau 62 – 66 – 70 M anschlagen und in Runden 4 cm (16 Runden) im 1/1-Rippenmuster stricken. Zwischen der ersten und letzten M der Runde einen Maschenmarkierer setzen = Rückseite der Socke.

Mit der Rundstricknadel Nr. 3 glatt rechts geringelt fortfahren: *2 Runden in Hellgrau, 2 Runden in Ocker*, von *bis* noch 7-, 8-, 9-mal wiederholen, dabei beiderseits des Maschenmarkierers je 1 M abnehmen (am Rundenanfang 2 M re zus, am Rundenende 2 M re überz zus) wie folgt: 7-mal in jeder 8. Runde = 48 – 52 – 56 M.

Gleichzeitig glatt rechts geringelt fortfahren: *2 Runden in Dunkelgrau, 2 Runden in Ocker*, von *bis* noch 3-, 4-, 5-mal wiederholen, mit 2 Runden in Dunkelgrau enden.

### Ferse

Die mittleren 24 – 26 – 28 M ruhen lassen und die Bumerangferse in Reihen arbeiten (siehe Seite 9): Mit dem Nadelspiel Nr. 3

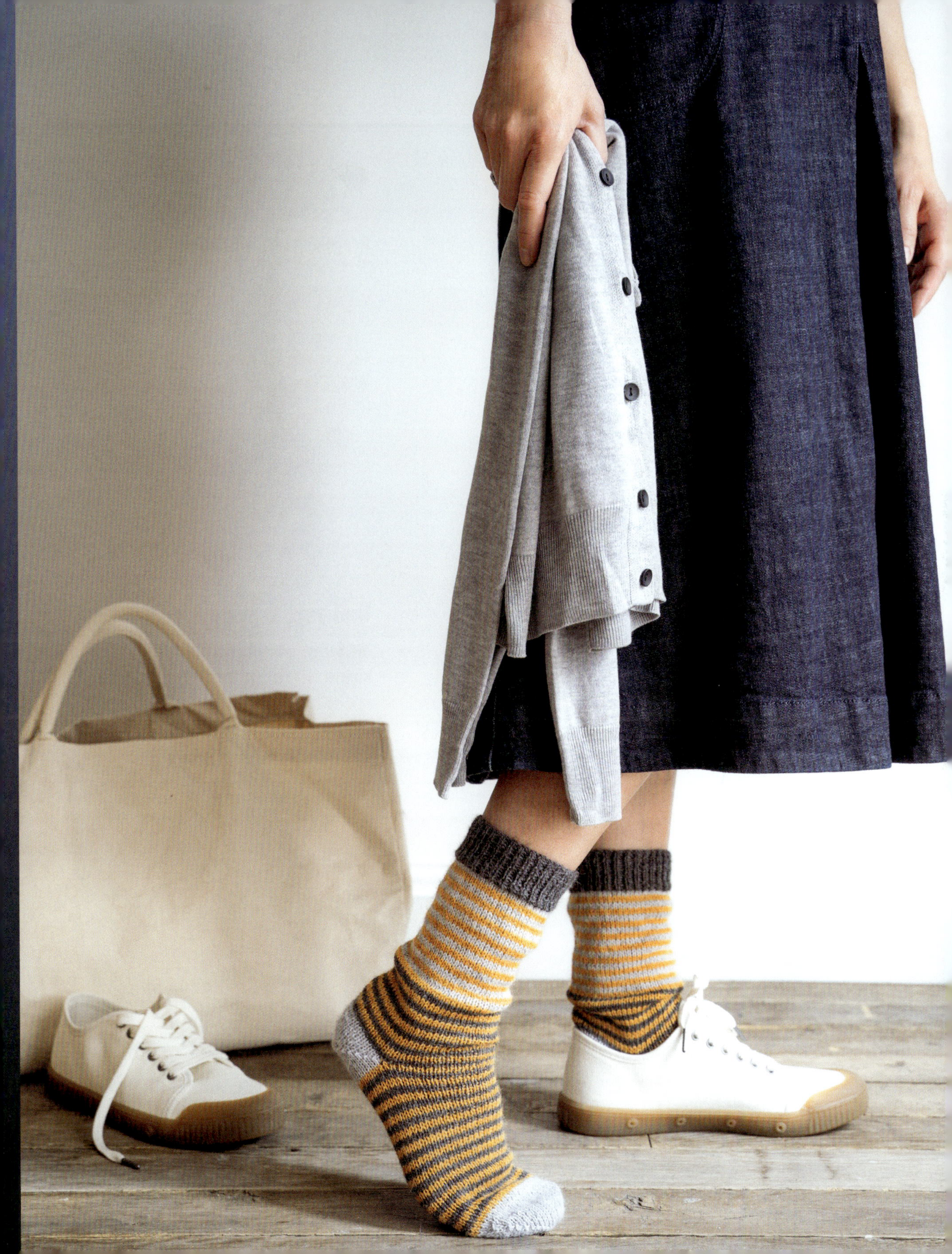

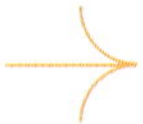

die 24 – 26 – 28 Fersenmaschen in Hellgrau stricken bis 1 M vor Ende, die Arbeit wenden (mit Wickelmasche). So fortfahren und am Ende jeder Reihe 1 weitere M ruhen lassen, bis noch 10 – 12 – 14 mittlere M verbleiben. In den folgenden Reihen die Wickelmaschen wieder mit aufnehmen, bis wieder 24 – 26 – 28 M erreicht sind.

### Fuß

Wieder alle 48 – 52 – 56 M auf die Rundstricknadel Nr. 3 aufnehmen. 14 – 15 – 16 cm glatt rechts geringelt stricken: *2 Runden in Ocker, 2 Runden in Dunkelgrau*, von *bis* noch 10-, 11-, 12-mal wiederholen, mit 2 Runden in Ocker enden.

### Spitze

In Hellgrau 4 Runden rechts stricken, dann Maschen abnehmen wie folgt:

5. Runde: 11 – 12 – 13 M rechts, 3 M re zus, 20 – 22 – 24 M rechts, 3 M re überz zus, 11 – 12 – 13 M rechts = 44 – 48 – 52 M.

3 Runden rechts stricken.

9. Runde: 10 – 11 – 12 M rechts, 3 M re zus, 18 – 20 – 22 M rechts, 3 M re überz zus, 9 – 10 – 11 M rechts = 40 – 44 – 48 M.

1 Runde rechts stricken.

11. Runde: 9 – 10 – 11 M rechts, 3 M re zus, 16 – 18 – 20 M rechts, 3 M re überz zus, 9 – 10 – 11 M rechts. = 36 – 40 – 44 M.

1 Runde rechts stricken.

13. Runde: 8 – 9 – 10 M rechts, 3 M re zus, 14 – 16 – 18 M rechts, 3 M re überz zus, 8 – 9 – 10 M rechts = 32 – 36 – 40 M.

1 Runde rechts stricken.

15. Runde: 7 – 8 – 9 M rechts, 3 M re zus, 12 – 14 – 16 M rechts, 3 M re überz zus, 7 – 8 – 9 M rechts = 28 – 32 – 36 M.

16. Runde: 6 – 7 – 8 M rechts, 3 M re zus, 10 – 12 – 14 M rechts, 3 M re überz zus, 6 – 7 – 8 M rechts = 24 – 28 – 32 M.

17. Runde: 5 – 6 – 7 M rechts, 3 M re zus, 8 – 10 – 12 M rechts, 3 M re überz zus, 5 – 6 – 7 M rechts = 20 – 24 – 28 M.

18. Runde: 4 – 5 – 6 M rechts, 3 M re zus, 6 – 8 – 10 M rechts, 3 M re überz zus, 4 – 5 – 6 M rechts = 16 – 20 – 24 M.

19. Runde: 3 – 4 – 5 M rechts, 3 M re zus, 4 – 6 – 8 M rechts, 3 M re überz zus, 3 – 4 – 5 M rechts = 12 – 16 – 20 M.

20. Runde: 2 – 3 – 4 M rechts, 3 M re zus, 2 – 4 – 6 M rechts, 3 M re überz zus, 2 – 3 – 4 M rechts = 8 – 12 – 16 M.

Garn abschneiden, den Faden durch die Maschen fädeln und fest anziehen.

Die zweite Socke genauso stricken.

## Und zum Schluss ...

**die Fäden vernähen. Falls notwendig die kleinen Löcher an der Ferse schließen.**

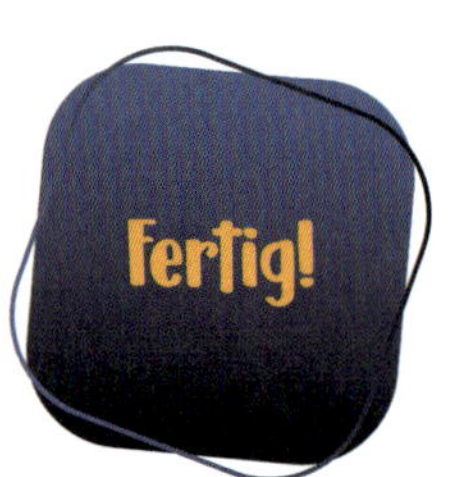

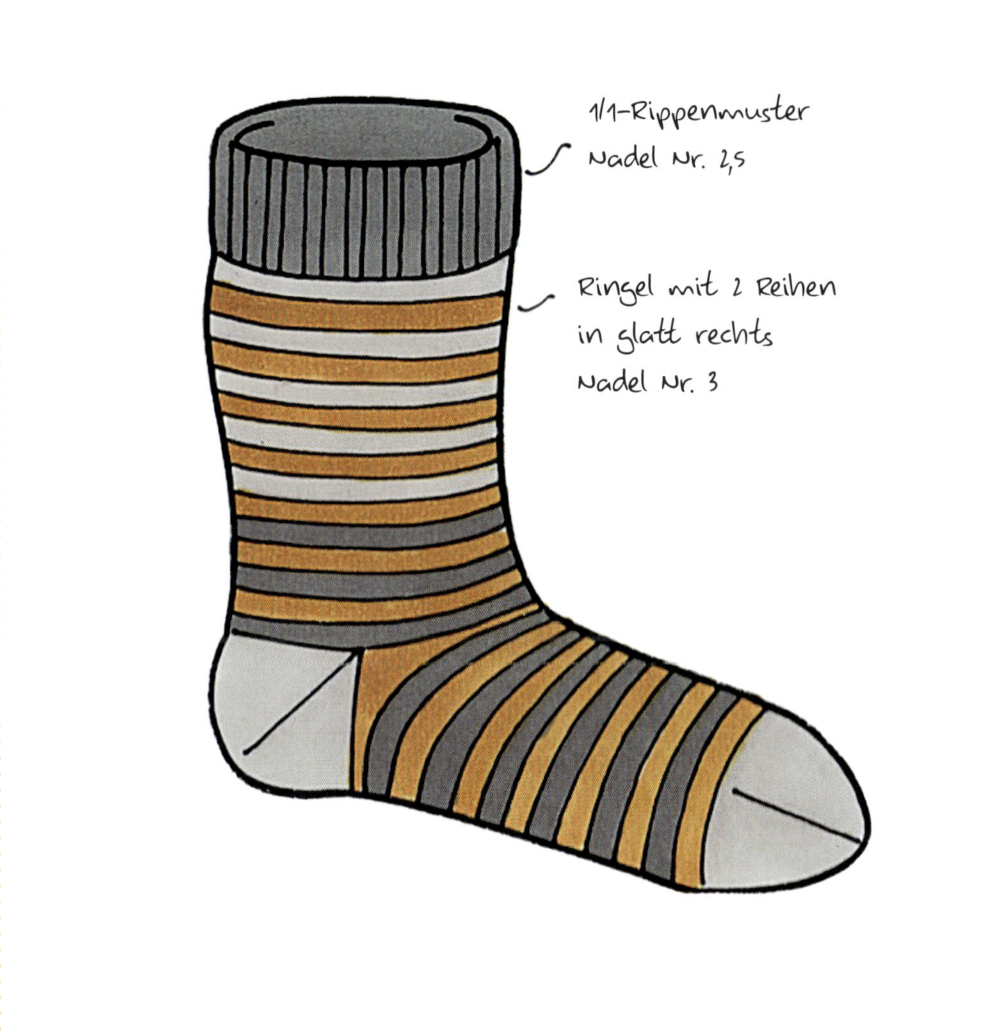
1/1-Rippenmuster
Nadel Nr. 2,5
Ringel mit 2 Reihen
in glatt rechts
Nadel Nr. 3

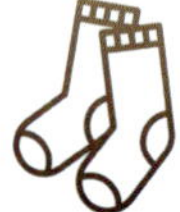

MODELL 2

# Socken im andalusischen Muster

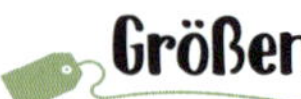

## Größen

36/37 – 38/39 – 40/41

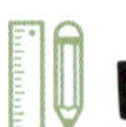

## Material

- Garn: JAWOLL SILK von Lang Yarns (55 % Wolle, 25 % Polyamid, 20 % Seide)
  2 – 2 – 3 Knäuel (à 50 g) in der Farbe Olive 130.0197
- Rundstricknadeln Nr. 2,5 und Nr. 3
- Nadelspiel Nr. 3, Maschenmarkierer

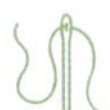

## Muster und Maschen

**Kraus rechts:** in Reihen alle Maschen rechts stricken.

**Glatt rechts:** abwechselnd 1 Reihe rechte M und 1 Reihe linke M stricken. Diese beiden Reihen stets wiederholen.

**Lochreihe:** Die Maschenzahl ist teilbar durch 2. *2 M re zus, 1 Umschlag*, von *bis* stets wiederholen.

**Versetztes andalusisches Muster:** Die Maschenzahl ist teilbar durch 4.
1. Reihe (Hinreihe): rechte Maschen.
2. Reihe (Rückreihe): linke Maschen.
3. Reihe: *2 M rechts, 2 M links*, von *bis* stets wiederholen.
4. Reihe: linke Maschen.
5. Reihe: rechte Maschen.
6. Reihe: *2 M links, 2 M rechts*, von *bis* stets wiederholen.

Diese 6 Reihen stets wiederholen.

**2 Maschen rechts überzogen zusammenstricken (2 M re überz zus):** 1 M abheben, die folgende M rechts stricken und die abgehobene M über die gestrickte M ziehen.

**2 Maschen rechts zusammenstricken (2 M re zus):** in 2 M zusammen wie zum Rechtsstricken einstechen und sie rechts zusammenstricken.

**2 Maschen links zusammenstricken (2 M li zus):** in 2 M zusammen wie zum Linksstricken einstechen und sie links zusammenstricken.

## Maschenprobe

Diese ist notwendig, damit die Strickarbeit die richtige Größe erhält.

Glatt rechts mit Nadel Nr. 3:
26 M × 42 Reihen = 10 × 10 cm.

## Anleitung

Die Socke wird von oben gestrickt. Die Ferse ist eine Bumerangferse mit Wickelmaschen.

### Schaft

Mit der Rundstricknadel Nr. 3 in Olive 62 – 66 – 70 M anschlagen und 8 Runden rechts stricken. Zwischen der ersten und letzten M der Runde einen Maschenmarkierer setzen = Rückseite der Socke.

Mit der Rundstricknadel Nr. 2,5 fortfahren. 1 Lochreihe stricken, dann 7 Runden glatt rechts und 1 Runde links (1 Krausrippe). Weiter mit der Rundstricknadel Nr. 3 im versetzten andalusischen Muster (da rundgestrickt wird, alle Glatt-rechts-Reihen rechts stricken), dabei beiderseits des Maschenmarkierers je 1 M abnehmen (am Rundenanfang 2 M re zus, am Rundenende 2 M re überz zus) wie folgt: 7-mal in jeder 12. Runde = 48 – 52 – 56 M.

### Ferse

In 21 – 23 – 25 cm Gesamthöhe die mittleren 24 – 26 – 28 M ruhen lassen und die Bumerangferse in Reihen arbeiten (siehe Seite 9): Mit dem Nadelspiel Nr. 3 in Reihen die 24 – 26 – 28 Fersenmaschen stricken bis 1 M vor Ende, die Arbeit wenden (mit Wickelmasche). So fortfahren und am Ende

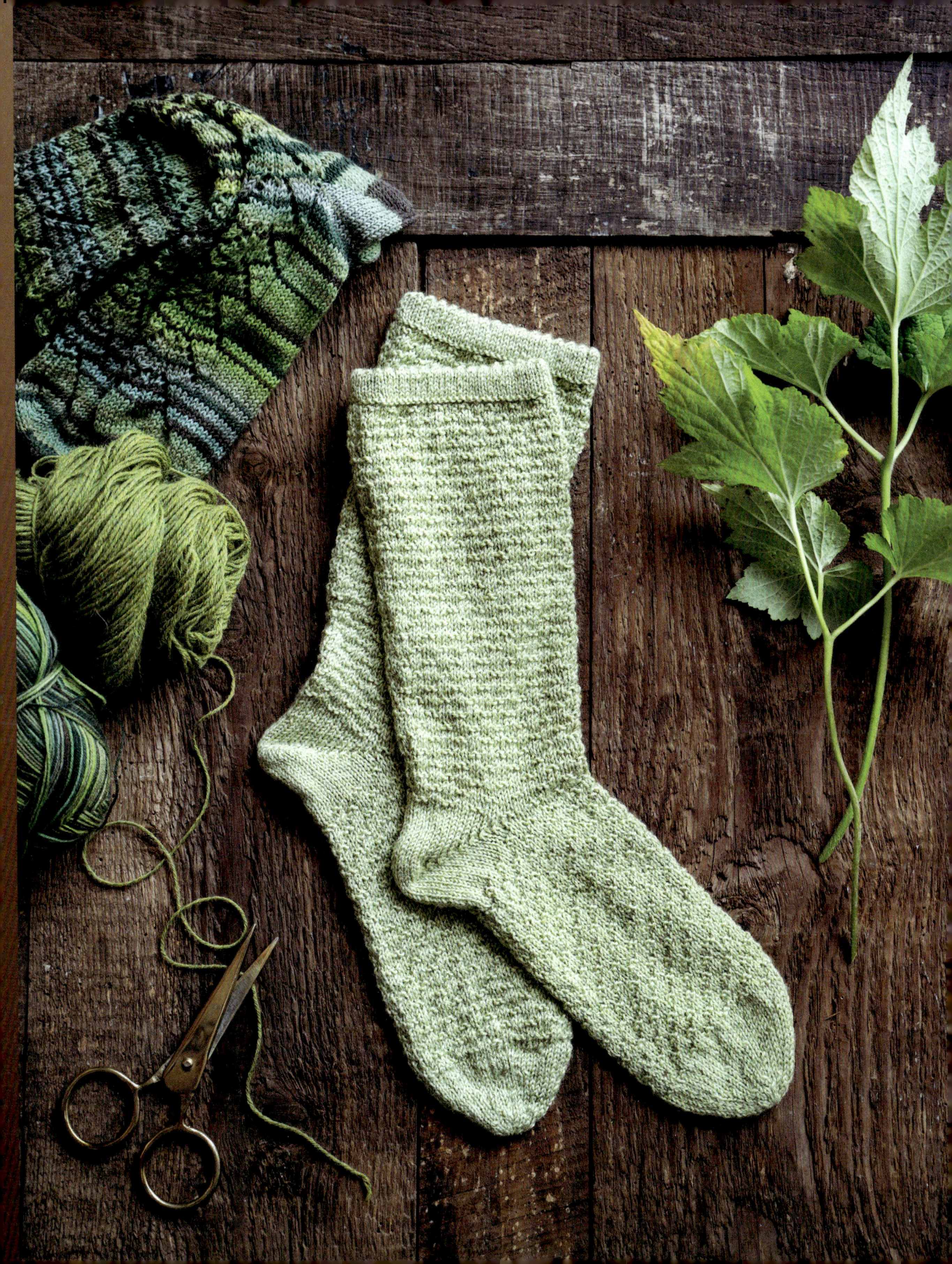

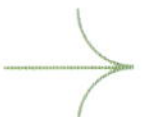

jeder Reihe 1 weitere M ruhen lassen, bis noch 6 – 8 – 10 mittlere M verbleiben. In den folgenden Reihen die Wickelmaschen wieder mit aufnehmen, bis wieder 24 – 26 – 28 M erreicht sind.

### Fuß

Wieder alle 48 – 52 – 56 M auf die Rundstricknadel Nr. 3 aufnehmen. 14 – 15 – 16 cm im versetzten andalusischen Muster stricken.

### Spitze

4 Runden rechts stricken, dann Maschen abnehmen wie folgt:

5. Runde: 3 – 1 – 3 M rechts, *2 M re zus, 3 – 4 – 4 M rechts*, von *bis* noch 8-mal wiederholen, enden mit 2 M re zus, 3 – 1 – 3 M rechts = 39 – 43 – 47 M.

3 Runden rechts stricken.

9. Runde: 1 – 3 – 0 M rechts, *2 M re überz zus, 2 – 3 – 3 M rechts*, von *bis* stets wiederholen, enden mit 2 M re überz, 0 – 3 – 0 M rechts = 29 – 35 – 37 M.

3 Runden rechts stricken.

13. Runde: 2 – 1 – 1 M rechts, *2 M re zus, 1 – 2 – 2 M rechts*, von *bis* stets wiederholen, enden mit 1 M rechts – 2 M re zus – 0 M = 20 – 26 – 28 M.

3 Runden rechts stricken.

17. Runde: 0 – 1 – 2 M rechts, *2 M re überz zus, 0 – 1 – 1 M rechts*, von *bis* stets wiederholen, enden mit 0 M – 0 M – 2 M re überz = 10 – 18 – 19 M.

1 Runde rechts stricken.

Größe 37/38: Garn abschneiden, Faden durch die Maschen fädeln und fest anziehen.

19. Runde: 1 – 0 M rechts, *2 M re zus, 0 – 2 M rechts*, von *bis* stets wiederholen, enden mit 1 M rechts – 0 M = 10 – 12 M.

20. Runde: Fortlaufend 2 M links zusammenstricken = 5 – 6 M.

Garn abschneiden, den Faden durch die Maschen fädeln und fest anziehen.

Die zweite Socke genauso stricken.

## Und zum Schluss ...

**den Pikot-Saum an der Lochreihe nach innen umschlagen und festnähen.**

**Die Fäden vernähen. Falls notwendig die kleinen Löcher an der Ferse schließen.**

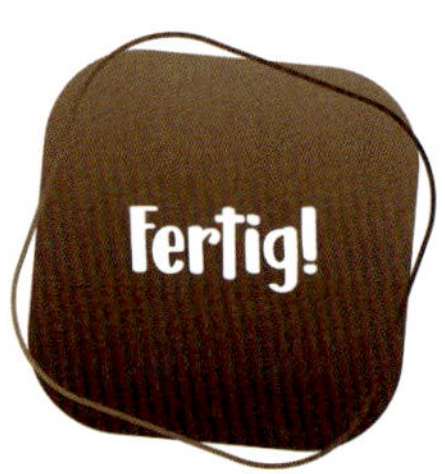

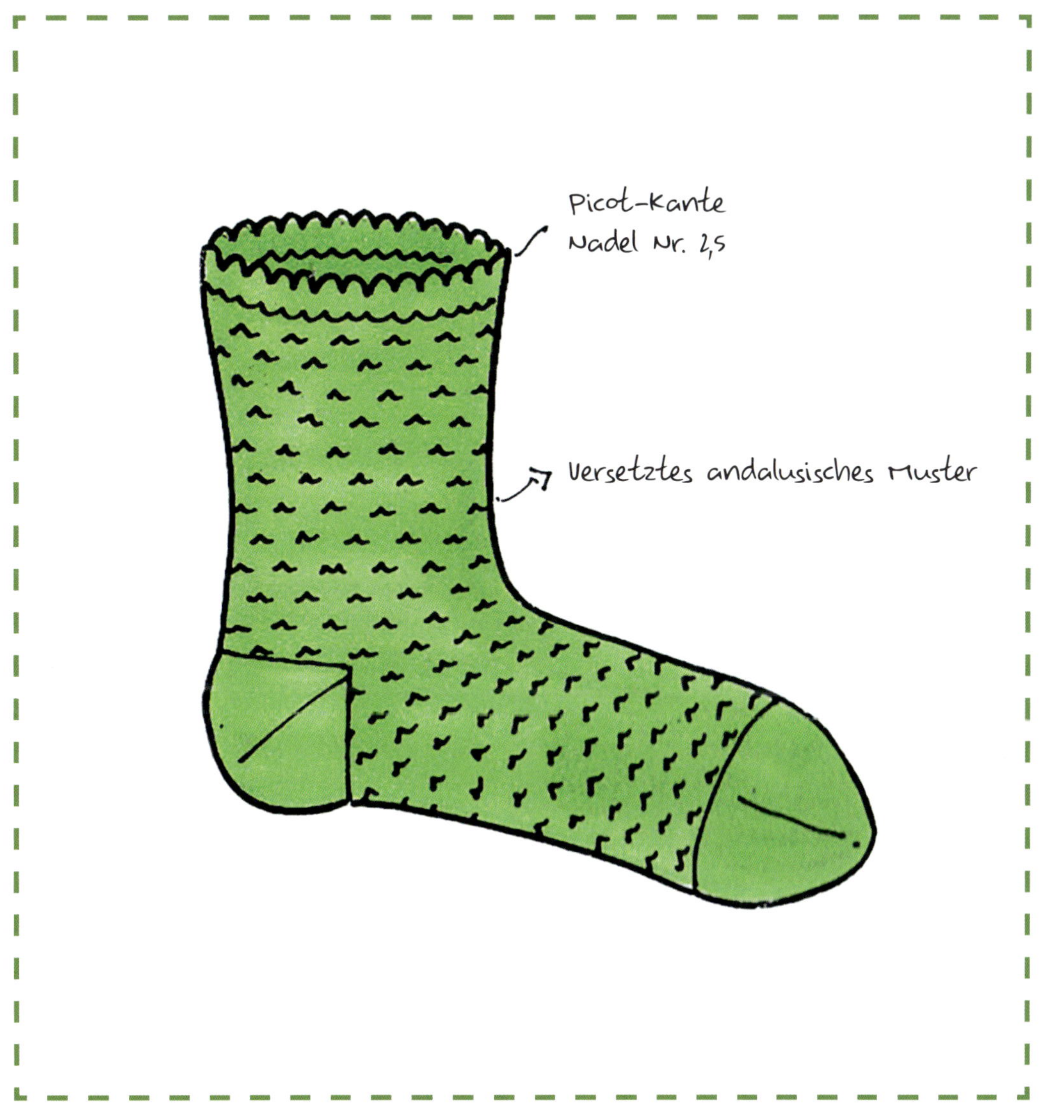
Picot-Kante
Nadel Nr. 2,5
Versetztes andalusisches Muster

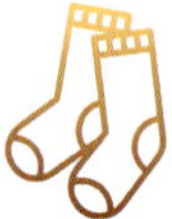

MODELL 3

# Bunte Ringelsocken

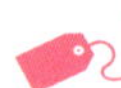

## Größen

36/37 – 38/39 – 40/41

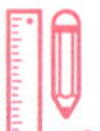

## Material

- Garn: SUPER SOXX COLOR 4-fach von Lang Yarns (75 % Wolle, 25 % Polyamid) 1 – 1 – 2 Knäuel (à 100 g) Multicolor 901.0339
- Rundstricknadeln Nr. 2,5 und Nr. 3
- Nadelspiel Nr. 2,5
- Maschenmarkierer

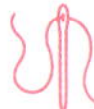

## Muster und Maschen

**Glatt rechts:** abwechselnd 1 Reihe rechte M und 1 Reihe linke M stricken. Diese beiden Reihen stets wiederholen.

**2/2-Rippenmuster:** Die Maschenzahl ist teilbar durch 4.
1. Reihe: *2 M rechts, 2 M links*, von *bis* stets wiederholen.
In den folgenden Reihen die rechten M rechts, die linken M links stricken.
**Lochrippen:** Die Maschenzahl ist teilbar durch 8.
**1. und 2. Reihe:** *2 M rechts, 2 M links*, von *bis* stets wiederholen.
**3. Reihe:** *2 M rechts, 2 M links, 1 Umschlag, 2 M re überz zus, 2 M links*, von *bis* stets wiederholen.
**4. und 6. Reihe:** Wie 1. und 2. Reihe.
**5. Reihe:** *2 M rechts, 2 M links, 2 M re zus, 1 Umschlag*, von *bis* stets wiederholen.
Die vier Reihen von der 3. bis 6. Reihe stets wiederholen.

**2 Maschen rechts überzogen zusammenstricken (2 M re überz zus):** 1 M abheben, die folgende M rechts stricken und die abgehobene M über die gestrickte M ziehen.

**2 Maschen rechts zusammenstricken (2 M re zus):** in 2 M zusammen wie zum Rechtsstricken einstechen und sie rechts zusammenstricken.

## Maschenprobe

Diese ist notwendig, damit die Strickarbeit die richtige Größe erhält.
Glatt rechts mit Nadel Nr. 3:
28 M × 41 Reihen = 10 × 10 cm.

## Anleitung

Die Socke wird von oben gestrickt. Die Ferse ist eine gerippte Käppchenferse.

### Schaft

Mit der Rundstricknadel Nr. 2,5 in Multicolor 68 – 72 – 76 M anschlagen und in Runden 5 cm (24 Runden) im Lochrippenmuster stricken wie folgt: 1 M links, 2 M rechts – 1 M rechts – 1 M links, 2 M rechts, *2 M links, 2 M rechts (Lochrippe), 2 M links, 2 M rechts (normale Rippe)*, von *bis* stets wiederholen, enden mit 1 M links – 2 M links, 2 M rechts (Lochrippe), 2 M links, 1 M rechts – 1 M links. Zwischen der ersten und letzten M der Runde einen Maschenmarkierer setzen = Rückseite der Socke.

Mit der Rundstricknadel Nr. 3 glatt rechts fortfahren, dabei beiderseits des Maschenmarkierers je 1 M abnehmen (am Rundenanfang 2 M re zus, am Rundenende 2 M re überz zus) wie folgt: 6-, 7-, 8-mal in jeder 8. Runde = 56 – 58 – 60 M.

### Ferse

In 13 – 15 – 17 cm Gesamthöhe die 16 – 18 – 20 mittleren Maschen (Fußrücken) ruhen lassen. Die übrigen Maschen (beiderseits des Maschenmarkierers je 20 – 20 – 20 M) mit dem Nadelspiel Nr. 2,5 in Reihen im 2/2-Rippenmuster stricken, dabei an beiden Enden 1 M abnehmen – 1 M zunehmen – 1 M zunehmen = 38 – 42 – 42 M.

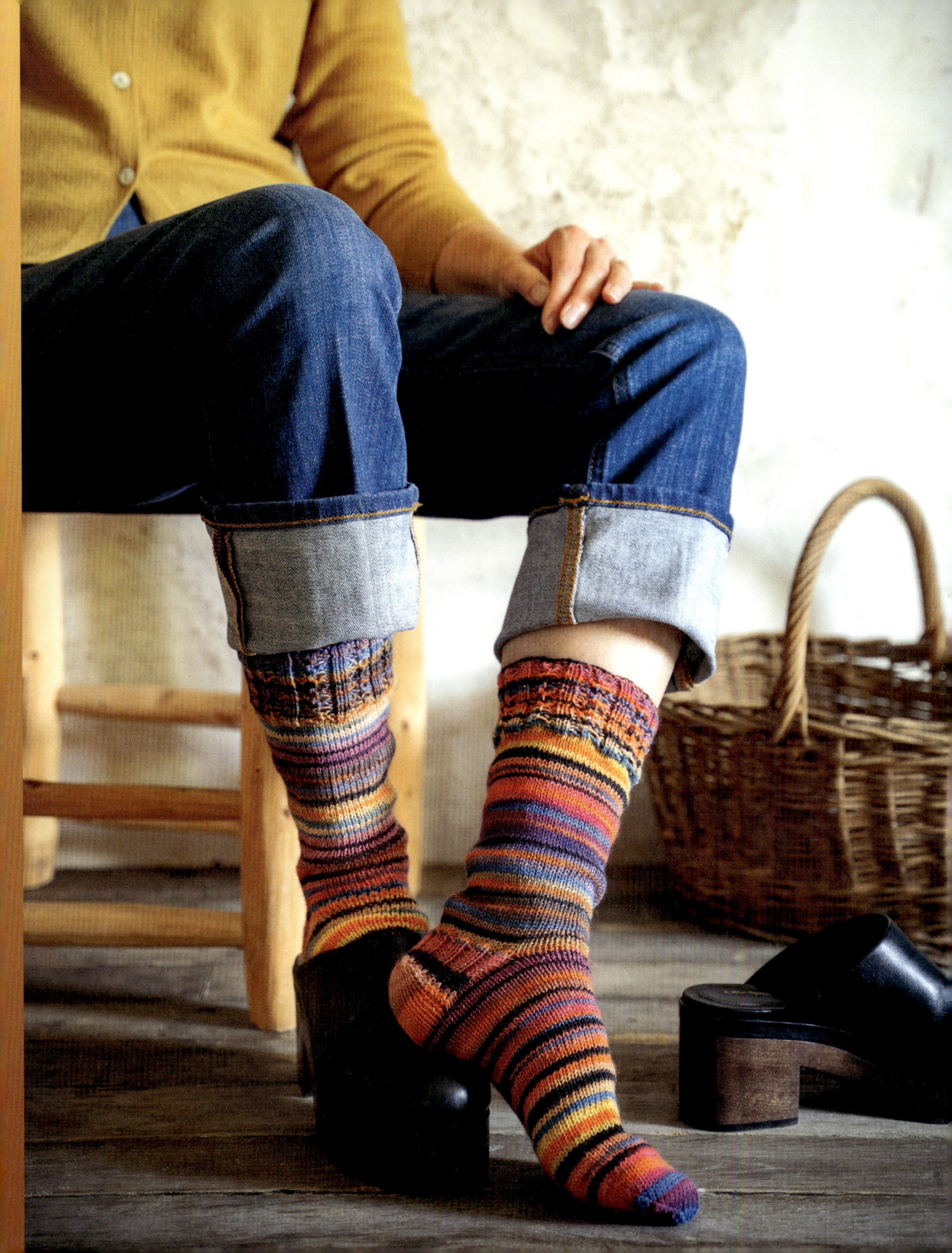

# MODELL 3 **Bunte Ringelsocken**

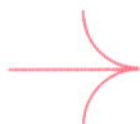

Mit 2 M rechts beginnend und endend 14 Reihen im 2/2-Rippenmuster stricken. Dann an beiden Seiten 13 – 14 – 14 M ruhen lassen und die mittleren 12 – 14 – 14 M mit dem Nadelspiel Nr. 2,5 glatt rechts stricken, dabei stets die letzte mittlere M mit der ersten seitlichen (ruhenden) M zusammenstricken. So fortfahren, bis keine seitlichen Maschen mehr übrig sind.

Mit der Rundstricknadel Nr. 3 die 12 – 14 – 14 M rechts stricken, dann aus dem Fersenrand 13 – 13 – 14 M aufnehmen und rechts stricken, die stillgelegten 16 – 18 – 20 M hinzunehmen und rechts stricken, zum Schluss aus dem anderen Fersenrand 13 – 13 – 14 M aufnehmen und rechts stricken = 54 – 58 – 62 M.

## Fuß

Weiter in Runden glatt rechts stricken. Zwischen der 1. und letzten M der Runde einen Maschenmarkierer setzen.

14 – 15 – 16 cm (58 – 62 – 66 Runden) rechts stricken.

## Spitze

1. Runde: 11 – 12 – 13 M rechts, 2 M re zus, 2 M re überz zus, 23 – 25 – 27 M rechts, 2 M li zus, 2 M re überz zus, 12 – 13 – 14 M rechts = 50 – 54 – 58 M.

3 Runden rechts stricken.

5. Runde: 10 – 11 – 12 M rechts, 2 M re zus, 2 M re überz zus, 21 – 23 – 25 M rechts, 2 M li zus, 2 M re überz zus, 11 – 12 – 13 M rechts = 46 – 50 – 54 M.

1 Runde rechts stricken.

7. Runde: 9 – 10 – 11 M rechts, 2 M re zus, 2 M re überz zus, 19 – 21 – 23 M rechts, 2 M li zus, 2 M re überz zus, 10 – 11 – 12 M rechts = 42 – 46 – 50 M.

1 Runde rechts stricken.

9. Runde: 8 – 9 – 10 M rechts, 2 M re zus, 2 M re überz zus, 17 – 19 – 21 M rechts, 2 M li zus, 2 M re überz zus, 9 – 10 – 11 M rechts = 38 – 42 – 46 M.

1 Runde rechts stricken.

11. Runde: 7 – 8 – 9 M rechts, 2 M re zus, 2 M re überz zus, 15 – 17 – 19 M rechts, 2 M li zus, 2 M re überz zus, 8 – 9 – 10 M rechts = 34 – 38 – 42 M.

1 Runde rechts stricken.

13. Runde: 6 – 7 – 8 M rechts, 2 M re zus, 2 M re überz zus, 13 – 15 – 17 M rechts, 2 M li zus, 2 M re überz zus, 7 – 8 – 9 M rechts = 30 – 34 – 38 M.

1 Runde rechts stricken.

### Strickschrift - Lochrippen

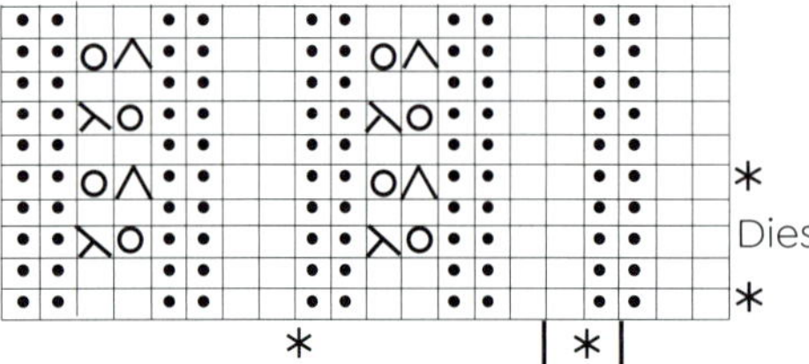


Diese 8 M und 4 Reihen von * bis * wdh (Rapport).

- rechte M
- linke M
- 1 Umschlag
- 2 M rechts überzogen zusammenstricken
- 2 M rechts zusammenstricken

**L = 40 / 41**
**M = 38 / 39**
**S = 36 / 37**

15. Runde: 5 – 6 – 7 M rechts, 2 M re zus, 2 M re überz zus, 11 – 13 – 15 M rechts, 2 M li zus, 2 M re überz zus, 6 – 7 – 8 M rechts = 26 – 30 – 34 M.

1 Runde rechts stricken.

17. Runde: 4 – 5 – 6 M rechts, 2 M re zus, 2 M re überz zus, 9 – 11 – 13 M rechts, 2 M li zus, 2 M re überz zus, 5 – 6 – 7 M rechts = 22 – 26 – 30 M.

1 Runde rechts stricken.

19. Runde: 3 – 4 – 5 M rechts, 2 M re zus, 2 M re überz zus, 7 – 9 – 11 M rechts, 2 M li zus, 2 M re überz zus, 4 – 5 – 6 M rechts = 18 – 22 – 26 M.

20. Runde: Fortlaufend 2 M re zus stricken = 9 – 11 – 13 M.

Garn abschneiden, den Faden durch die Maschen fädeln und fest anziehen.

Die zweite Socke genauso stricken.

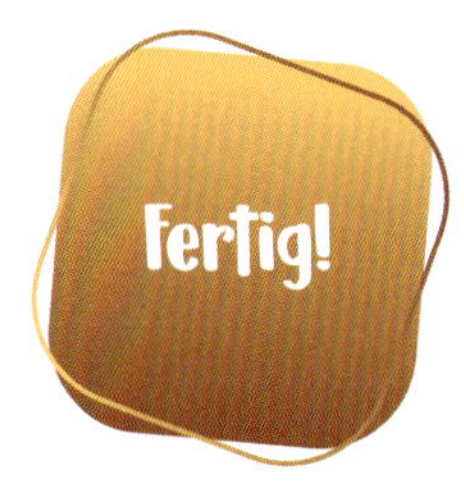


## Und zum Schluss ...

**die Fäden vernähen. Falls notwendig die kleinen Löcher an der Ferse schließen.**

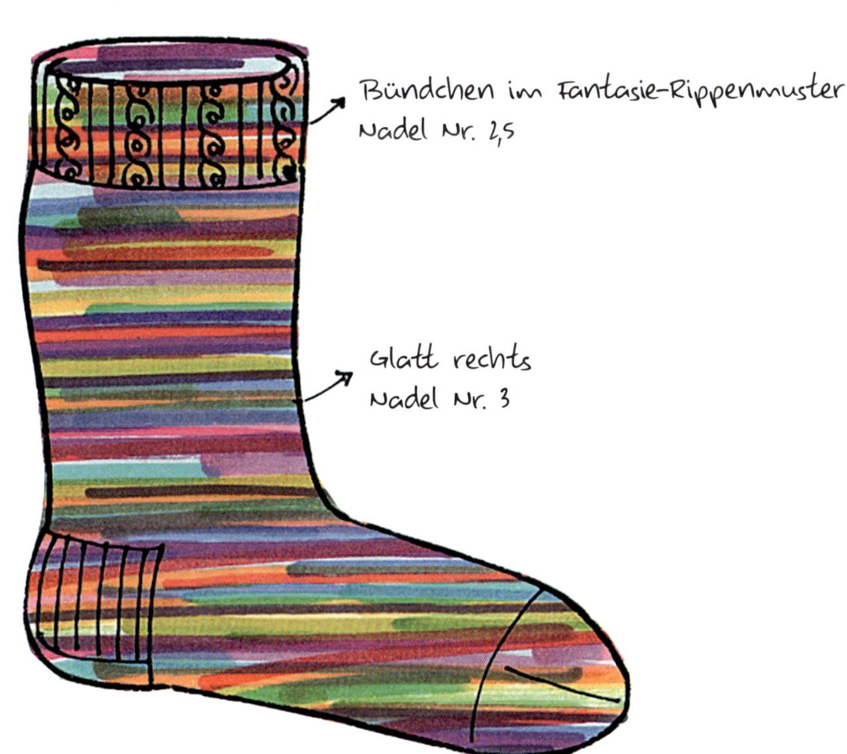

MODELL 4

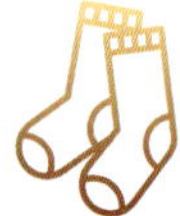

# Stiefelgamaschen

## Einheitsgröße

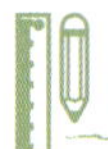

## Material

- Garn: ALPACA SOXX 6-fach von Lang Yarns (70 % Alpaka, 30 % Polyamid)
  2 Knäuel (à 150 g) in der Farbe Grün Melange 1087.0017
- Stricknadeln Nr. 3 und Nr. 3,5
- Zopfnadel

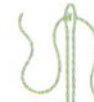

## Muster und Maschen

**3/2-Rippenmuster:** Die Maschenzahl ist teilbar durch 5.
1. Reihe: *3 M rechts, 2 M links*, von *bis* stets wiederholen. In den folgenden Reihen die rechten M rechts, die linken M links stricken.

**Zopf über 8 Maschen:** nach der Strickschrift arbeiten (s. S. 26).

**4 Maschen nach rechts verkreuzt:** 2 M auf eine Zopfnadel hinter die Arbeit legen, die folgenden 2 M rechts stricken, dann die 2 M der Zopfnadel rechts stricken.

**4 Maschen nach links verkreuzt:** 2 M auf eine Zopfnadel vor die Arbeit legen, die folgenden 2 M rechts stricken, dann die 2 M der Zopfnadel rechts stricken.

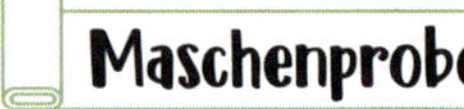

## Maschenprobe

Diese ist notwendig, damit die Strickarbeit die richtige Größe erhält.
2/2-Rippen mit Nadel Nr. 3,5: 32 M × 34 Reihen = 10 × 10 cm.

## Anleitung

Die Gamaschen werden von oben in Reihen gestrickt.

### Gamaschen

Mit den Nadeln Nr. 3 in Grün 102 M anschlagen. Nach der Strickschrift 9,5 cm (30 Reihen) im Zopfmuster stricken, dabei in jeder Hinreihe mit 2 M links beginnen und enden.

Mit Nadel Nr. 3,5 in 3/2-Rippen fortfahren, dabei in jeder Hinreihe mit 2 linken M beginnen und enden. Gleichzeitig 14-mal beiderseits in jeder 6. Reihe je 1 M abnehmen = 74 M.

In 44,5 cm Gesamthöhe in einer Rückreihe beiderseits je 17 M abketten, dabei die M rechts stricken (1 Krausrippe).

In der folgenden Hinreihe 17 M neu anschlagen, die verbliebenen 40 M im Rippenmuster stricken, auf der anderen Seite ebenfalls 17 M neu anschlagen.

In der Rückreihe 17 M rechts stricken, 40 M in Rippen und 17 M rechts (1 Krausrippe). Über alle 74 M noch 15 cm in 3/2-Rippen stricken.

In 59,5 cm Gesamthöhe in einer Rückreihe alle M rechts abketten (1 Krausrippe).

Die zweite Gamasche genauso stricken.

## Und zum Schluss ...

**die rückwärtige Naht schließen, dabei am Zopfmuster-Umschlag (9,5 cm) die Naht von der anderen Seite arbeiten.**

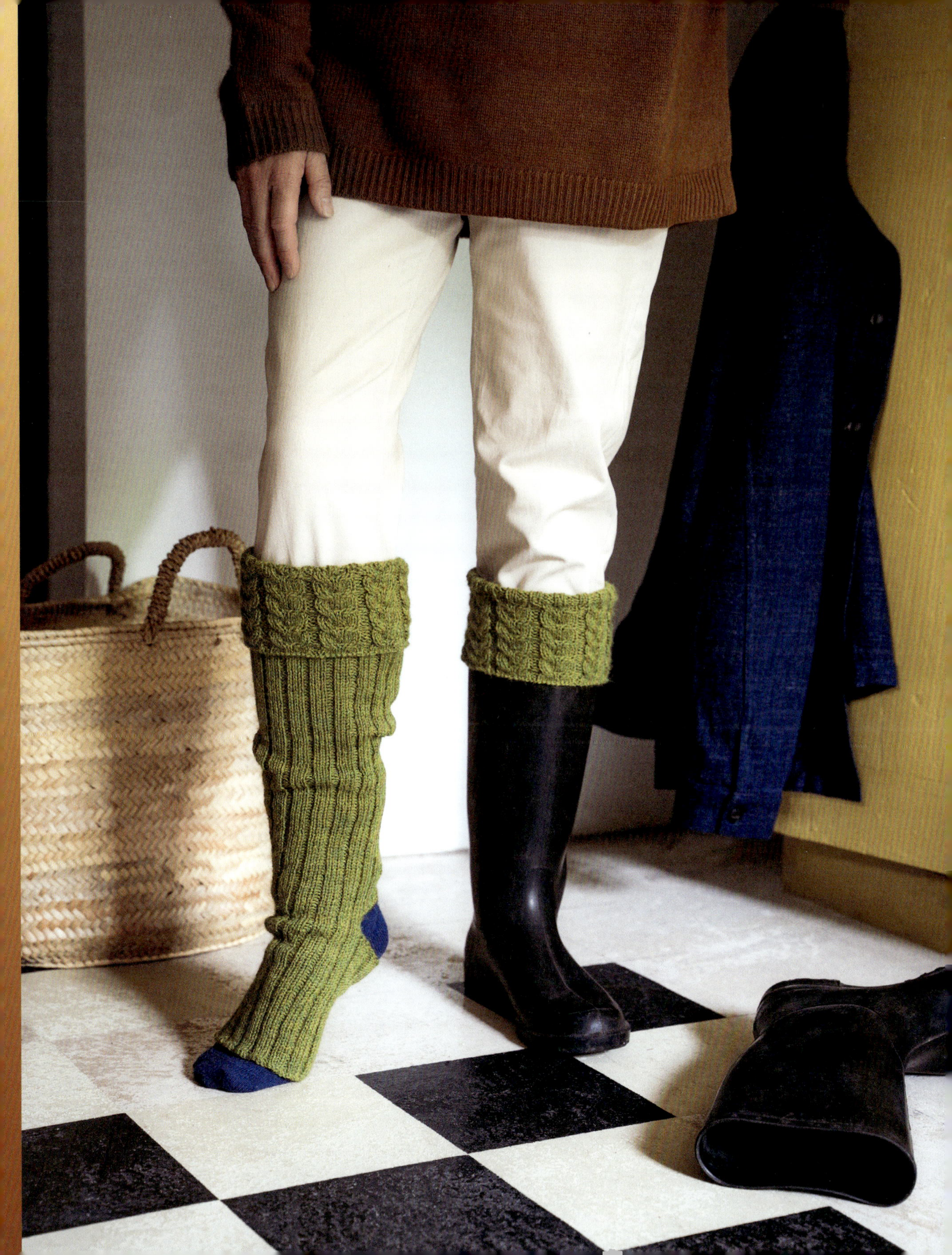

# MODELL 4 **Stiefelgamaschen**

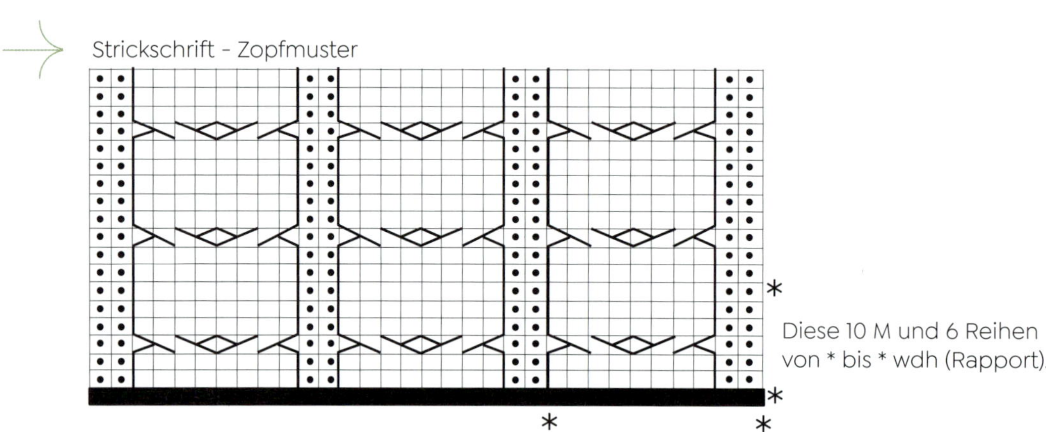


- ■ in Rückreihen rechte M
- □ in Hinreihen rechte M, in Rückreihen linke M
- ⊡ in Hinreihen linke M, in Rückreihen rechte M
- 4 M nach rechts verkreuzt
- 4 M nach links verkreuzt

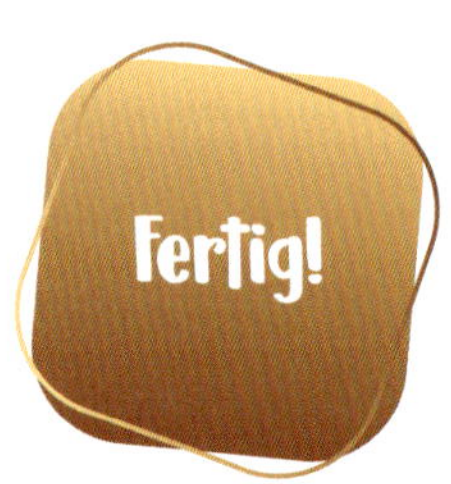

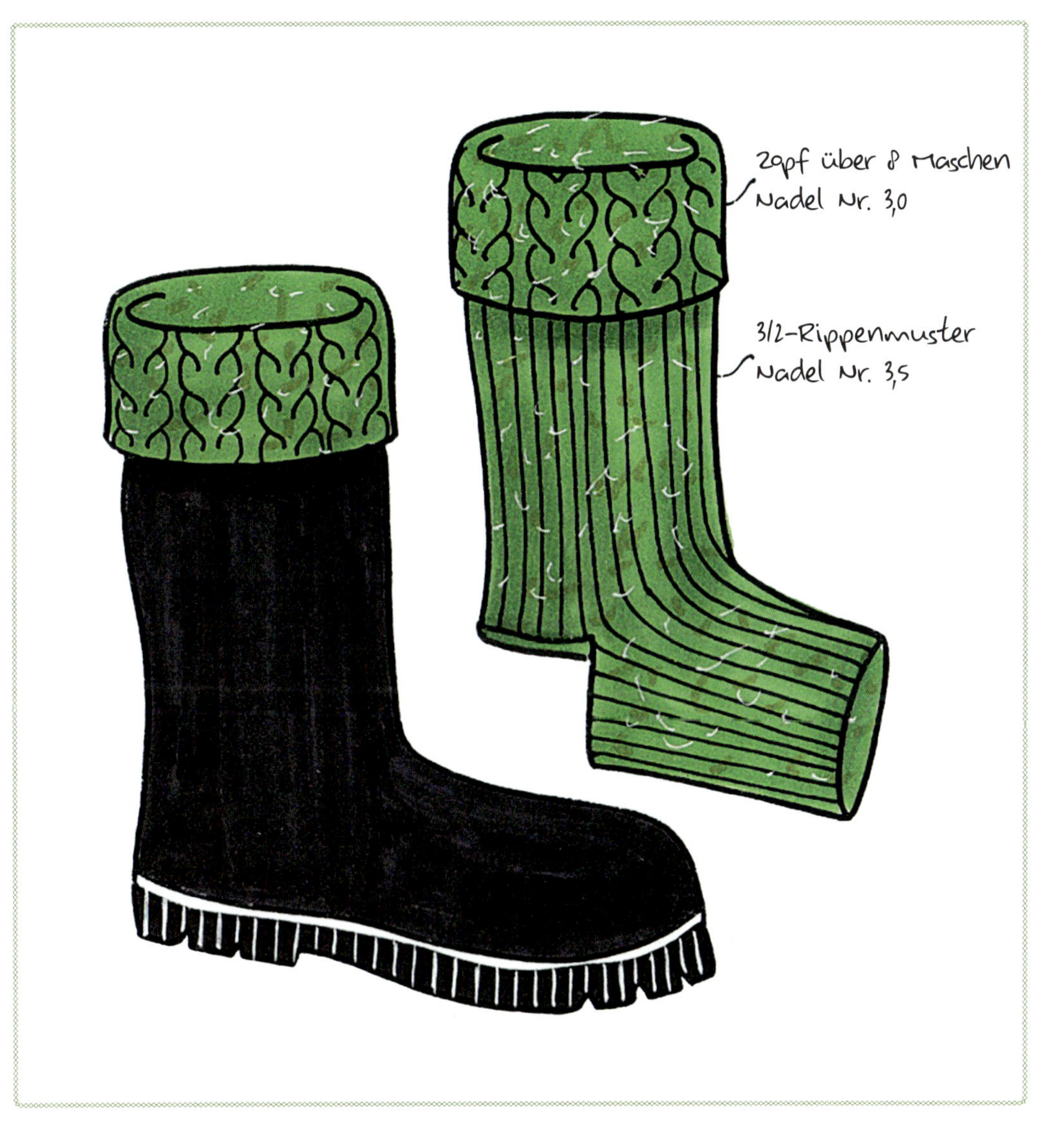
Zopf über 8 Maschen
Nadel Nr. 3,0
3/2-Rippenmuster
Nadel Nr. 3,5

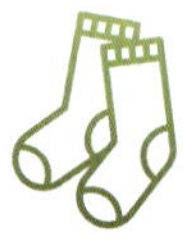

MODELL 5

# Sommerliche Ajour-Söckchen

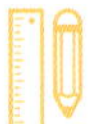

## Größen

36/37 – 38/39 – 40/41

## Material

- Garn: JAWOLL SILK von Lang Yarns (55 % Wolle, 25 % Polyamid, 20 % Seide)
  1 – 2 – 2 Knäuel (à 50 g) in der Farbe Messing 130.0150
- Rundstricknadeln Nr. 2,5 und Nr. 3
- Nadelspiel Nr. 3
- Maschenmarkierer

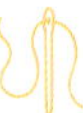

## Muster und Maschen

**Glatt rechts:** abwechselnd 1 Reihe rechte M und 1 Reihe linke M stricken. Diese beiden Reihen stets wiederholen.

**1/1-Rippenmuster:** Die Maschenzahl ist teilbar durch 2.
1. Reihe: *1 M rechts, 1 M links*, von *bis* stets wiederholen.
In den folgenden Reihen die rechten M rechts, die linken M links stricken.

**Spitzbogen-Ajour-Muster:** Die Maschenzahl ist teilbar durch 10, es bleibt ein Rest von 3 M.
1. Reihe: 1 M rechts, *1 M rechts, 1 Umschlag, 3 M rechts, 3 M re überz zus, 3 M rechts, 1 Umschlag*, von *bis* stets wiederholen, enden mit 2 M rechts.
2. Reihe: alle M links stricken.
3. Reihe: 1 M rechts, *2 M rechts, 1 Umschlag, 2 M rechts, 3 M re überz zus, 2 M rechts, 1 Umschlag, 1 M rechts*, von *bis* stets wiederholen, enden mit 2 M rechts.
4. Reihe: alle M links stricken.
5. Reihe: 1 M rechts, 2 M re überz zus, 1 Umschlag, *1 M rechts, 1 Umschlag, 1 M rechts, 3 M re überz zus, 1 M rechts, 1 Umschlag, 1 M rechts, 1 Umschlag, 3 M re überz zus, 1 Umschlag*, von *bis* stets wiederholen, enden mit 1 M rechts, 1 Umschlag, 1 M rechts, 3 M re überz zus, 1 M rechts, 1 Umschlag, 1 M rechts, 1 Umschlag, 2 M re überz zus, 1 M rechts.
6. Reihe: alle M links stricken.

Diese 6 Reihen stets wiederholen.

**3 Maschen rechts überzogen zusammenstricken (3 M re überz zus):** 1 M abheben, die folgenden 2 M rechts zusammenstricken und die abgehobene M über die gestrickte M ziehen.

**2 Maschen rechts überzogen zusammenstricken (2 M re überz zus):** 1 M abheben, die folgende M rechts stricken und die abgehobene M über die gestrickte M ziehen.

## Maschenprobe

Diese ist notwendig, damit die Strickarbeit die richtige Größe erhält.
Spitzbogen-Ajour-Muster mit Nadel Nr. 3: 26 M × 40 Reihen = 10 × 10 cm.

## Anleitung

Die Socke wird von oben gestrickt. Die Ferse ist eine Bumerangferse mit Wickelmaschen.

### Schaft

Mit der Rundstricknadel Nr. 2,5 in Messing 52 – 56 – 60 M anschlagen und in Runden 1,5 cm (8 Runden) glatt rechts stricken. Zwischen der ersten und letzten M der Runde einen Maschenmarkierer setzen = Rückseite der Socke. 5 Runden im 1/1-Rippenmuster stricken, dann mit der Rundstricknadel Nr. 3 im Spitzbogen-Ajour-Muster nach der Strickschrift Nr. 1 (s. S. 30/31) für die gewählte Größe fortfahren, dabei in der 1. Runde 1 M zunehmen = 53 – 57 – 61 M.

2 cm (6 Runden) im Spitzbogen-Ajour-Muster stricken.

### Ferse

In 2 cm Höhe ab dem Rippenmuster die mittleren 27 – 29 – 31 M (Fußrücken) ruhen lassen und die Bumerangferse in Reihen arbeiten (siehe Seite 9): Mit dem Nadelspiel Nr. 3 die 26 – 28 – 30 Fersenmaschen stricken bis 1 M vor Ende, die Arbeit wenden (mit Wickelmasche). So fortfahren und am Ende jeder Reihe 1 weitere M ruhen lassen, bis noch 12 – 14 – 16 mittlere M verbleiben. In den folgenden

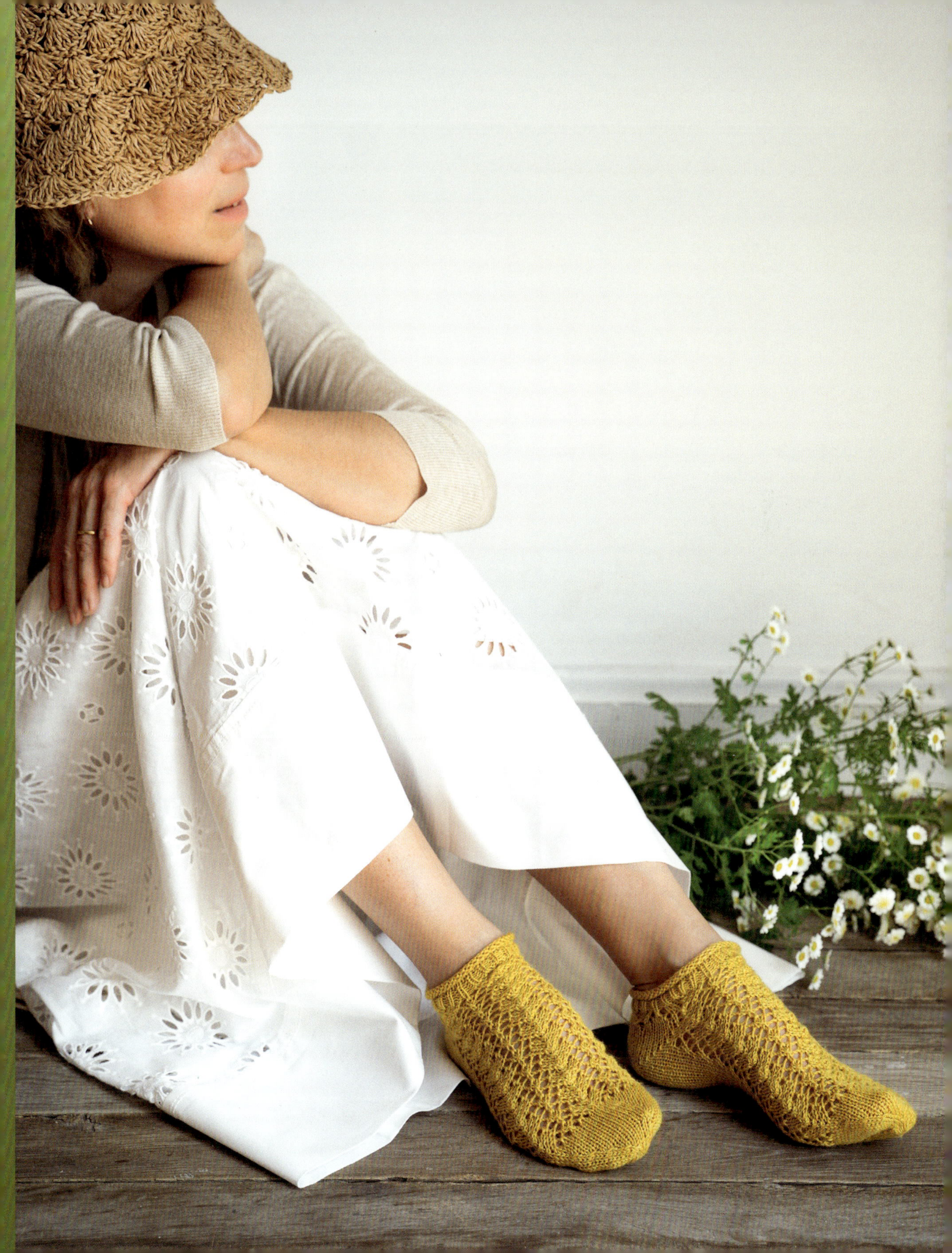

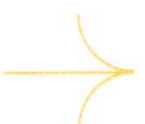

Reihen die Wickelmaschen wieder mit aufnehmen, bis wieder 26 – 28 – 30 M erreicht sind.

### Fuß

Wieder alle 53 – 57 – 61 M auf die Rundstricknadel Nr. 3 aufnehmen und in Runden glatt rechts und im Spitzbogen-Ajour-Muster nach Strickschrift Nr. 2 stricken wie folgt: 11 – 13 – 15 M rechts, 31 – 31 – 31 M Spitzbogen-Ajour-Muster, 11 – 13 – 15 M rechts.

Über 14 – 15 – 16 cm so fortfahren, dabei weiter nach Strickschrift Nr. 2 arbeiten.

### Spitze

4 Runden rechts stricken, dabei in der 1. Runde 1 M abnehmen = 52 – 56 – 60 M. Dann mit den Abnahmen beginnen wie folgt:

5. Runde: 2 – 3 – 4 M rechts, 3 M re überz zus, 10 – 11 – 12 M rechts, 3 M re überz zus, 10 – 11 – 12 M rechts, 3 M re überz zus, 10 – 11 – 12 M rechts, 3 M re überz zus, 8 – 8 – 8 M rechts = 44 – 48 – 52 M.

3 Runden rechts stricken.

9. Runde: 2 – 3 – 4 M rechts, 3 M re überz zus, 8 – 9 – 10 M rechts, 3 M re überz zus, 8 – 9 – 10 M rechts, 3 M re überz zus, 8 – 9 – 10 M rechts, 3 M re überz zus, 6 –6 – 6 M rechts = 36 – 40 – 44 M.

3 Runden rechts stricken.

13. Runde: 2 – 3 – 4 M rechts, 3 M re überz zus, 6 – 7 – 8 M rechts, 3 M re überz zus, 6 – 7 – 8 M rechts, 3 M re überz zus, 6 – 7 – 8 M rechts, 3 M re überz zus, 4 – 4 – 4 M rechts = 28 – 32 – 36 M.

1 Runde rechts stricken.

15. Runde: 2 – 3 – 4 M rechts, 3 M re überz zus, 4 – 5 – 6 M rechts, 3 M re überz zus, 4 – 5 – 6 M rechts, 3 M re überz zus, 4 – 5 – 6 M rechts, 3 M re überz zus, 2 – 2 – 2 M rechts = 20 – 24 – 28 M.

1 Runde rechts stricken.

17. Runde: 2 – 3 – 4 M rechts, 3 M re überz zus, 2 – 3 – 4 M rechts, 3 M re überz zus, 2 – 3 – 4 M rechts, 3 M re überz zus, 2 – 3 – 4 M rechts, 3 M re überz zus = 12 – 16 – 20 M.

1 Runde rechts stricken.

19. Runde: Fortlaufend 2 M re zus stricken = 6 – 8 – 10 M.

Garn abschneiden, den Faden durch die Maschen fädeln und fest anziehen.

Die zweite Socke genauso stricken.

## Und zum Schluss ...

**die Fäden vernähen. Falls notwendig die kleinen Löcher an der Ferse schließen.**

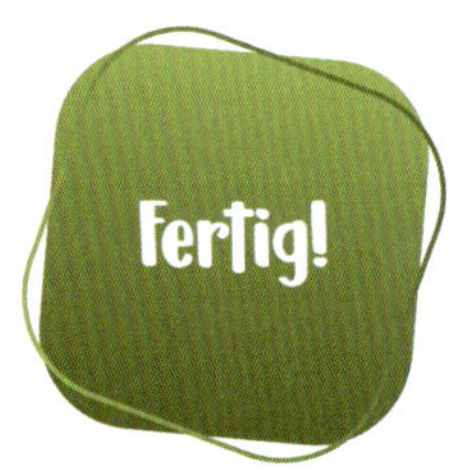


Strickschrift Nr. 1 - Schaft - Größe S

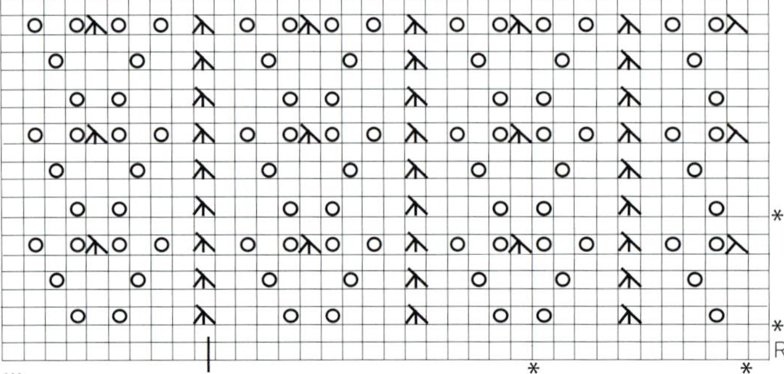

Strickschrift Nr. 1 - Schaft - Größe M

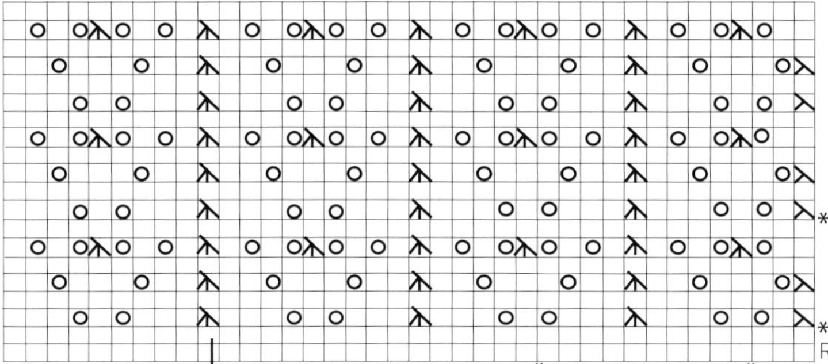

Rundenanfang am Schaft

...

Vordere Mitte der Socke

Diese 10 M und 6 Reihen von * bis * wdh (Rapport).

Strickschrift Nr. 1 - Schaft - Größe L

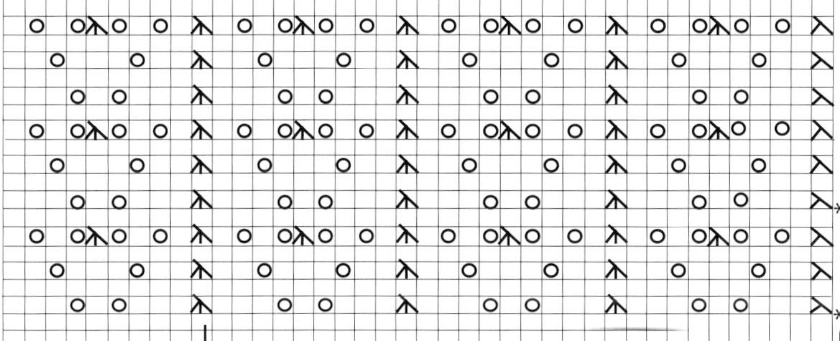

Rundenanfang am Schaft

Vordere Mitte der Socke

Diese 10 M und 6 Reihen von * bis * wdh (Rapport).

Strickschrift Nr. 2 - Fuß - Größen S - M - L

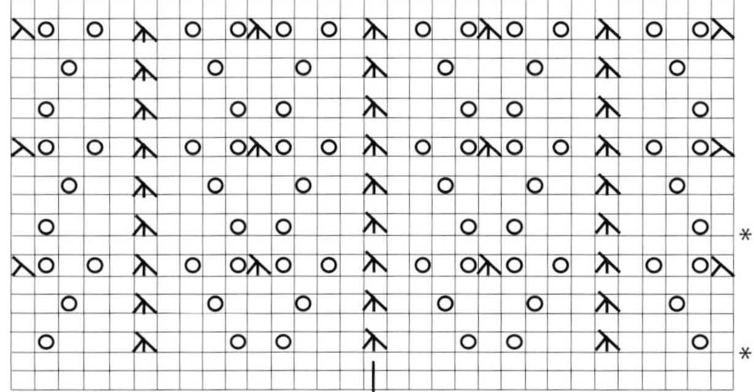

Vordere Mitte der Socke

Diese 6 Reihen von * bis * wdh (Rapport).

- rechte M
- 1 Umschlag
- 3 M rechts überzogen zusammenstricken
- 2 M rechts überzogen zusammenstricken
- ... symmetrisch fortsetzen bis zum Rundenende

L = 40 / 41
M = 38 / 39
S = 36 / 37

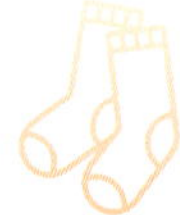

MODELL 6

# Jacquard-Socken

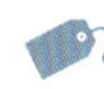

## Größen

36/37 – 38/39 – 40/41

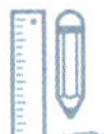

## Material

- Garn: JAWOLL von Lang Yarns (75 % Wolle, 25 % Polyamid)
  2 – 2 – 2 Knäuel (à 50 g) in der Farbe Offwhite 83.0094
  1 – 1 – 2 Knäuel (à 50 g) in der Farbe Jeans hell 83.0234
- Rundstricknadeln Nr. 2,5 und Nr. 3
- Nadelspiel Nr. 2,5
- Maschenmarkierer

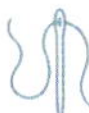

## Muster und Maschen

**2/2-Rippenmuster:** Die Maschenzahl ist teilbar durch 4.
1. Reihe: *2 M rechts, 2 M links*, von *bis* stets wiederholen. In den folgenden Reihen die rechten M rechts, die linken M links stricken.

**Glatt rechts:** abwechselnd 1 Reihe rechte M und 1 Reihe linke M stricken. Diese beiden Reihen stets wiederholen.

**Jacquard-Muster:** nach der Strickschrift arbeiten (s. S. 34).

**2 Maschen rechts überzogen zusammenstricken (2 M re überz zus):** 1 M abheben, die folgende M rechts stricken und die abgehobene M über die gestrickte M ziehen.

**3 Maschen rechts überzogen zusammenstricken (3 M re überz zus):** 1 M abheben, die folgenden 2 M rechts zusammenstricken und die abgehobene M über die gestrickte M ziehen.

**2 Maschen rechts zusammenstricken (2 M re zus):** in 2 M zusammen wie zum Rechtsstricken einstechen und sie rechts zusammenstricken.

**2 Maschen links zusammenstricken (2 M li zus):** in 2 M zusammen wie zum Linksstricken einstechen und sie links zusammenstricken.

## Maschenprobe

Diese ist notwendig, damit die Strickarbeit die richtige Größe erhält.
Jacquard mit Nadel Nr. 3:
30 M × 33 Reihen = 10 × 10 cm.

## Anleitung

Die Socke wird von oben gestrickt. Die Ferse ist eine Bumerangferse mit Wickelmaschen.

### Schaft

Mit der Rundstricknadel Nr. 2,5 in Offwhite 68 – 72 – 80 M anschlagen und in Runden 4 cm (18 Runden) im 2/2-Rippenmuster stricken. Zwischen der ersten und letzten M der Runde einen Maschenmarkierer setzen = Rückseite der Socke.

In Jeansblau und Offwhite mit den Nadeln Nr. 3 im Jacquard-Muster nach der Strickschrift fortfahren, dabei neben dem Maschenmarkierer 1 M zunehmen = 69 – 73 – 81 M. In den folgenden Runden beiderseits des Maschenmarkierers je 1 M abnehmen wie folgt: 1-, 2-, 2-mal in jeder 6. Runde, dann 6-, 5-, 6-mal in jeder 4. Runde = 55 – 59 – 65 M.

### Ferse

In 13 – 15 – 17 cm Gesamthöhe die mittleren 25 – 25 – 27 M (Fußrücken) ruhen lassen und die Bumerangferse in Reihen arbeiten (siehe Seite 9): Mit dem Nadelspiel Nr. 2,5 in Offwhite die 30 – 34 – 38 Fersenmaschen in 2/2-Rippen stricken bis 1 M vor Ende, die Arbeit wenden (mit Wickelmasche). So fortfahren und am Ende jeder Reihe 1 weitere M ruhen lassen, bis noch 14 – 14 – 18 mittlere M verbleiben. In den

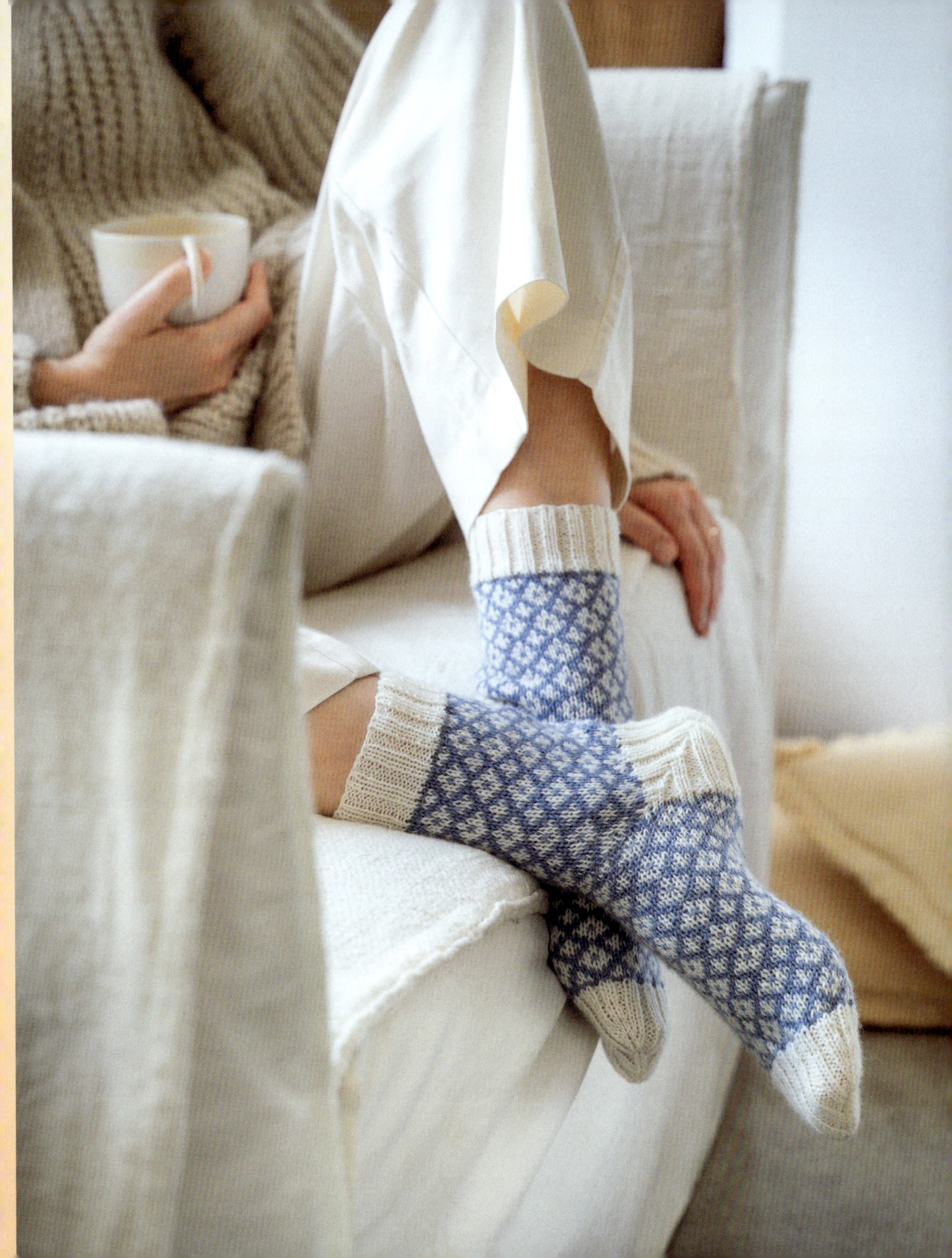

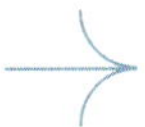

folgenden Reihen die Wickelmaschen wieder mit aufnehmen, bis wieder 30 – 34 – 38 M erreicht sind.

### Fuß

Wieder alle 55 – 59 – 65 M auf die Rundstricknadel Nr. 3 aufnehmen. In Jeansblau und Offwhite über 14 – 15 – 16 cm weiter im Jacquard-Muster stricken (das Motiv fortsetzen).

### Spitze

In Offwhite 1 Runde rechts stricken, dabei gleichmäßig verteilt 5 – 5 – 3 M zunehmen = 60 – 64 – 68 M.

Mit den Nadeln Nr. 2,5 3 Runden in 2/2-Rippen stricken, dann die Abnahmen für die Spitze arbeiten wie folgt:

5. Runde: 11 – 13 – 15 M in 2/2-Rippen (1 M links, 2 M rechts – 1 M rechts – 1 M links, 2 M rechts, *2 M links, 2 M rechts*; von *bis* noch 1-, 2-, 2-mal wiederholen), 2 M li zus, 2 M rechts, 2 M li zus, 26 – 26 – 26 M in 2/2-Rippen (*2 M rechts, 2 M links*; von *bis* noch 5-mal wiederholen, enden mit 2 M rechts), 2 M li zus, 2 M rechts, 2 M li zus, 11 – 13 – 15 M in 2/2-Rippen (*2 M rechts, 2 M links*; von *bis* noch 1-, 2-, 2-mal wiederholen, enden mit 2 M rechts, 1 M links – 1 M rechts – 2 M rechts, 1 M links) = 56 – 60 – 64 M.

3 Runden im 2/2-Rippenmuster stricken.

9. Runde: 10 – 12 – 14 M in 2/2-Rippen (1 M links, 2 M rechts – 1 M rechts – 1 M links, 2 M rechts, *2 M links, 2 M rechts*; von *bis* noch 0-, 1-, 1-mal wiederholen, enden mit 2 M links, 1 M rechts), 2 M re zus, 2 M rechts, 2 M re zus, 24 – 24 – 24 M in 2/2-Rippen (1 M rechts, *2 M links, 2 M rechts*; von *bis* noch 4-mal wiederholen, enden mit 2 M links, 1 M rechts), 2 M re zus, 2 M rechts, 2 M re zus, 10 – 12 – 14 M in 2/2-Rippen (1 M rechts, 2 M links, *2 M rechts, 2 M links*; von *bis* noch 0-, 1-, 1-mal wiederholen, enden mit 2 M rechts, 1 M links – 1 M rechts – 2 M rechts, 1 M links) = 52 – 56 – 60 M.

3 Runden im 2/2-Rippenmuster stricken.

13. Runde: 9 – 11 – 13 M in 2/2-Rippen (1 M links, 2 M rechts – 1 M rechts – 1 M links, 2 M rechts, *2 M links, 2 M rechts*; von *bis* noch 0-, 1-, 1-mal wiederholen, enden mit 2 M links), 2 M re zus, 2 M rechts, 2 M re überz zus, 22 – 22 – 22 M in 2/2-Rippen (*2 M

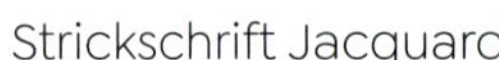
Strickschrift Jacquard

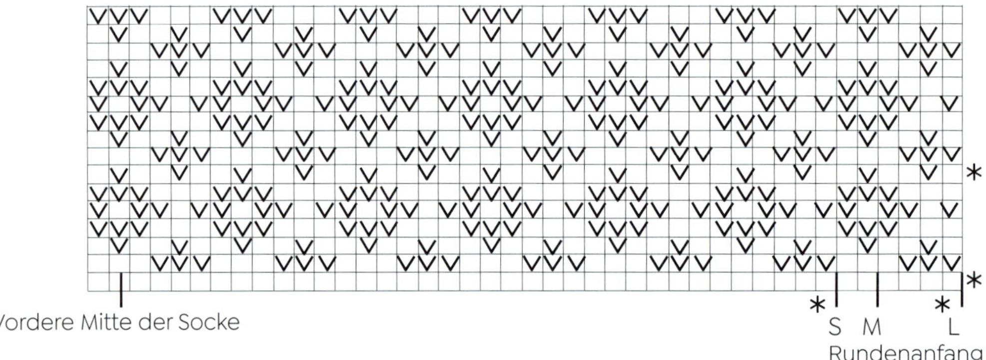


Diese 6 M und 6 Reihen von * bis * wdh (Rapport).

☐ Jeansblau

☑ Offwhite

L = 40 / 41
M = 38 / 39
S = 36 / 37

links, 2 M rechts*; von *bis* noch 4-mal wiederholen, enden mit 2 M links), 2 M re zus, 2 M rechts, 2 M re überz zus, 9 – 11 – 13 M in 2/2-Rippen (2 M links, *2 M rechts, 2 M links*; von *bis* noch 0-, 1-, 1-mal wiederholen, enden mit 2 M rechts, 1 M links – 1 M rechts – 2 M rechts, 1 M links) = 48 – 52 – 56 M.

1 Runde im 2/2-Rippenmuster stricken.

15. Runde: 9 – 11 – 13 M in 2/2-Rippen (1 M links, 2 M rechts – 1 M rechts – 1 M links, 2 M rechts, *2 M links, 2 M rechts*; von *bis* noch 0-, 1-, 1-mal wiederholen, enden mit 2 M links), 2 M re zus, 2 M re überz zus, 22 – 22 – 22 M in 2/2-Rippen (*2 M links, 2 M rechts*; von *bis* noch 4-mal wiederholen, enden mit 2 M links), 2 M re zus, 2 M re überz zus, 9 – 11 – 13 M in 2/2-Rippen (2 M links, *2 M rechts, 2 M links*; von *bis* noch 0-, 1-, 1-mal wiederholen, enden mit 2 M rechts, 1 M links – 1 M rechts – 2 M rechts, 1 M links) = 44 – 48 – 52 M.

1 Runde im 2/2-Rippenmuster stricken.

17. Runde: 7 – 9 – 11 M in 2/2-Rippen (1 M links, 2 M rechts – 1 M rechts – 1 M links, 2 M rechts, *2 M links, 2 M rechts*; von *bis* noch 0 – 1 – 1 wiederholen), 2 M li zus, 2 M rechts, 2 M li zus, 18 – 18 – 18 M in 2/2-Rippen (*2 M rechts, 2 M links*; von *bis* noch 3-mal wiederholen, enden mit 2 M rechts), 2 M li zus, 2 M rechts, 2 M li zus, 7 – 9 – 11 M in 2/2-Rippen (*2 M rechts, 2 M links*; von *bis* noch 0-, 1-, 1-mal wiederholen, enden mit 2 M rechts, 1 M links – 1 M rechts – 2 M rechts, 1 M links) = 40 – 44 – 48 M.

1 Runde im 2/2-Rippenmuster stricken.

19. Runde: 6 – 8 – 10 M in 2/2-Rippen (1 M links, 2 M rechts, 2 M links, 1 M rechts – 1 M rechts, 2 M links, 2 M rechts, 2 M links, 1 M rechts – 1 M links, 2 M rechts, 2 M links, 2 M rechts, 2 M links, 1 M rechts), 2 M re zus, 2 M re überz zus, 20 – 20 – 20 M in 2/2-Rippen (1 M rechts, 2 M links, *2 M rechts, 2 M links*; von *bis* noch 3-mal wiederholen, enden mit 1 M rechts), 2 M re zus, 2 M re überz zus, 6 – 8 – 10 M in 2/2-Rippen (1 M rechts, 2 M links, 2 M rechts, 1 M links – 1 M rechts, 2 M links, 2 M rechts, 2 M links, 1 M rechts – 1 M rechts, 2 M links, 2 M rechts, 2 M links, 2 M rechts, 1 M links) = 36 – 40 – 44 M.

1 Runde im 2/2-Rippenmuster stricken.

21. Runde: 5 – 7 – 9 M in 2/2-Rippen (1 M links, 2 M rechts, 2 M links – 1 M rechts, 2 M links, 2 M rechts, 2 M links – 1 M links, 2 M rechts, 2 M links, 2 M rechts, 2 M links), 3 M re zus, 3 M re überz zus, 14 – 14 – 14 M in 2/2-Rippen (*2 M links, 2 M rechts*; von *bis* noch 2-mal wiederholen, enden mit 2 M links), 3 M re zus, 3 M re überz zus, 5 – 7 – 9 M in 2/2-Rippen (2 M links, 2 M rechts, 1 M links – 2 M links, 2 M rechts, 2 M links, 1 M rechts – 2 M links, 2 M rechts, 2 M links, 2 M rechts, 1 M links) = 28 – 32 – 36 M.

1 Runde im 2/2-Rippenmuster stricken.

23. Runde: 5 – 7 – 9 M in 2/2-Rippen (1 M links, 2 M rechts, 2 M links – 1 M rechts, 2 M links, 2 M rechts, 2 M links – 1 M links, 2 M rechts, 2 M links, 2 M rechts, 2 M links), 3 M re zus, 3 M re überz zus, 6 – 6 – 6 M in 2/2-Rippen (2 M rechts, 2 M links, 2 M rechts), 3 M re zus, 3 M re überz zus, 5 – 7 – 9 M in 2/2-Rippen (2 M links, 2 M rechts, 1 M links – 2 M links, 2 M rechts, 2 M links, 1 M rechts – 2 M links, 2 M rechts, 2 M links, 2 M rechts, 1 M links) = 20 – 24 – 28 M.

24. Runde: Fortlaufend 2 M re zus stricken = 10 – 12 – 14 M.

Garn abschneiden, den Faden durch die Maschen fädeln und fest anziehen.

Die zweite Socke genauso stricken.

## Und zum Schluss ...

**die Fäden vernähen. Falls notwendig die kleinen Löcher an der Ferse schließen.**

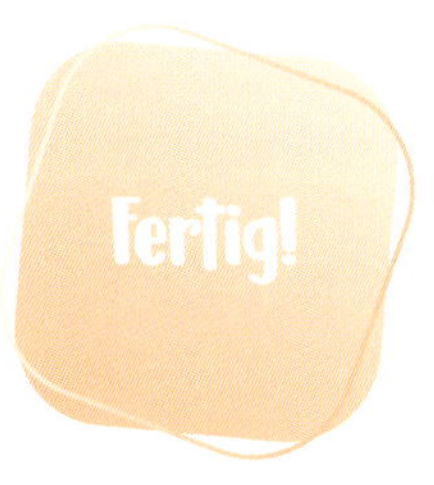

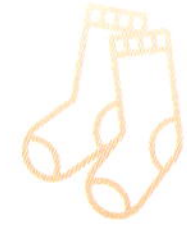

MODELL 7

# Dreifarbige lange Socken

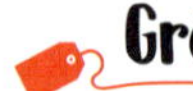

## Größen

36/37 – 38/39 – 40/41

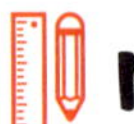

## Material

- Garn: JAWOLL von Lang Yarns (75 % Wolle, 25 % Polyamid)
  2 – 2 – 3 Knäuel (à 50 g) in der Farbe Burgund 83.0061
  1 Knäuel (50 g) in der Farbe Grau Melange 83.0005
  1 Knäuel (50 g) in der Farbe Offwhite 83.0094
- Rundstricknadeln Nr. 2,5 und Nr. 3
- Nadelspiel Nr. 3
- Maschenmarkierer

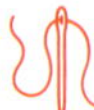

## Muster und Maschen

**1/1-Rippenmuster:** Die Maschenzahl ist teilbar durch 2.
1. Reihe: *1 M rechts, 1 M links*, von *bis* stets wiederholen.
In den folgenden Reihen die rechten M rechts, die linken M links stricken.

**Glatt rechts:** abwechselnd 1 Reihe rechte M und 1 Reihe linke M stricken. Diese beiden Reihen stets wiederholen.

**Gebrochenes Rippenmuster:** Die Maschenzahl ist teilbar durch 3.
1. Reihe (Rückreihe): Rechts stricken.
2. und 4. Reihe: *2 M rechts, 1 M links*, von *bis* stets wiederholen.
3. Reihe: *1 M links, 2 M rechts*, von *bis* stets wiederholen.
Diese 4 Reihen stets wiederholen.

**2 Maschen rechts überzogen zusammenstricken (2 M re überz zus):** 1 M abheben, die folgende M rechts stricken und die abgehobene M über die gestrickte M ziehen.

**2 Maschen rechts zusammenstricken (2 M re zus):** in 2 M zusammen wie zum Rechtsstricken einstechen und sie rechts zusammenstricken.

## Maschenprobe

Diese ist notwendig, damit die Strickarbeit die richtige Größe erhält.
Gebrochenes Rippenmuster mit Nadel Nr. 3: 26 M × 43 Reihen = 10 × 10 cm.

## Anleitung

Die Socke wird von oben gestrickt. Die Ferse ist eine Bumerangferse mit Wickelmaschen.

Die Ferse kann mit dem Beilaufgarn, das im Knäuel versteckt ist, verstärkt werden.

### Schaft

Mit der Rundstricknadel Nr. 2,5 in Offwhite 66 – 72 – 78 M anschlagen und 6 Runden rechts stricken, dann 10 Runden im geringelten 1/1-Rippenmuster stricken: *2 Runden in Grau Melange, 2 Runden in Offwhite*; diese 4 Runden noch 1-mal wiederholen, dann noch 2 Runden in Grau Melange stricken. Zwischen der ersten und letzten M der Runde einen Maschenmarkierer setzen = Rückseite der Socke.

Mit der Rundstricknadel Nr. 3 in Rot 1 Runde rechts stricken. Dann im gebrochenen Rippenmuster fortfahren, dabei beiderseits des Maschenmarkierers je 1 M abnehmen (am Rundenanfang 2 M re zus, am Rundenende 2 M re überz zus): 7-, 8-, 8-mal in jeder 12. Runde = 52 – 56 – 62 M.

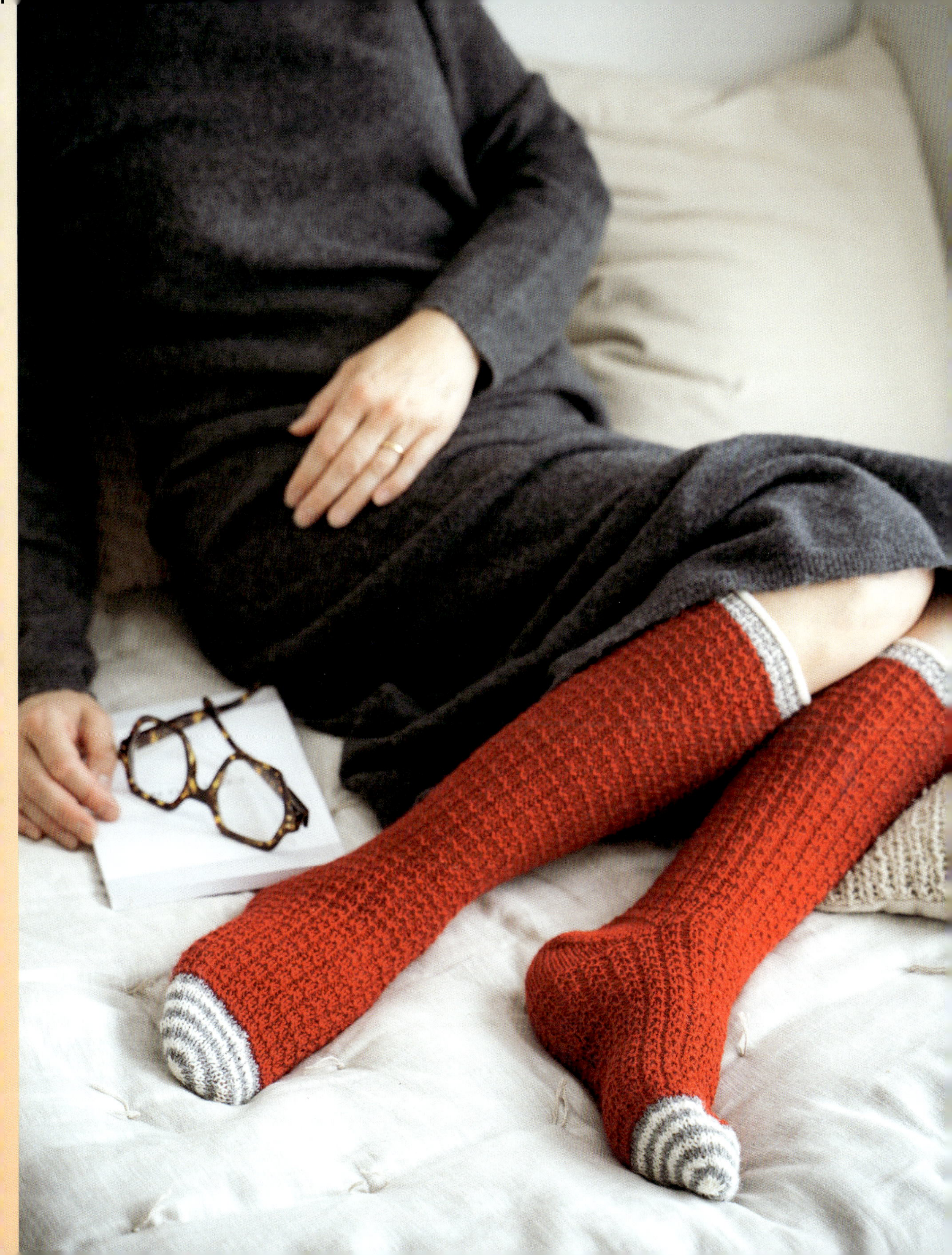

# MODELL 7 **Dreifarbige lange Socken**

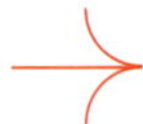

Achtung! Beim Rundstricken wird die 1. Reihe des gebrochenen Rippenmusters links gestrickt, und die 3. Reihe ist identisch mit der 2. und 4. Reihe.

## Ferse

Nach 20 – 22 – 24 cm im gebrochenen Rippenmuster unmittelbar nach einer 1. Runde (= Krausrippe) die mittleren 26 – 28 – 30 M ruhen lassen und die Bumerangferse glatt rechts in Reihen arbeiten (siehe Seite 9): Mit dem Nadelspiel die 26 – 28 – 32 Fersenmaschen stricken bis 1 M vor Ende, die Arbeit wenden (mit Wickelmasche). So fortfahren, bis noch 10 – 12 – 14 mittlere M verbleiben. In den folgenden Reihen die Wickelmaschen wieder mit aufnehmen, bis wieder 26 – 28 – 32 M erreicht sind.

## Fuß

Wieder alle 52 – 56 – 62 M auf die Rundstricknadel Nr. 3 aufnehmen und weiter im gebrochenen Rippenmuster (Muster fortsetzen!) 14 – 15 – 16 cm stricken. Mit einer 1. Runde (= Krausrippe) enden.

## Spitze

In Grau Melange und Offwhite 4 Runden glatt rechts geringelt stricken: *2 Runden in Grau Melange, 2 Runden in Offwhite*, dann die Abnahmen für die Spitze arbeiten und dabei das Ringelmuster von *bis* fortsetzen:

5. Runde: 1 – 3 – 3 M rechts, *2 M re zus, 4 – 4 – 4 M rechts*; von *bis* noch 7-, 7-, 8-mal wiederholen, enden mit 2 M re zus, 1 – 3 – 3 M rechts = 43 – 47 – 52 M.

3 Runden rechts stricken.

9. Runde: 3 – 0 – 0 M rechts, *2 M re überz zus, 3 – 3 – 3 M rechts*, von *bis* noch 6-, 8-, 9-mal wiederholen, enden mit 2 M re überz zus, 3 – 0 – 0 M rechts = 35 – 37 – 41 M.

3 Runden rechts stricken.

13. Runde: 0 – 1 – 1 M rechts, *2 M re zus, 2 – 2 – 2 M rechts*; von *bis* noch 7-, 7-, 9-mal wiederholen, enden mit 2 M re zus, 1 M rechts – 2 M re zus – 0 M = 26 – 28 – 31 M.

3 Runden rechts stricken.

17. Runde: 0 – 2 – 1 M rechts, *2 M re überz zus, 1 – 1 – 1 M rechts *; von *bis* noch 7-, 7-, 9-mal wiederholen, enden mit 2 M re überz zus – 2 M re überz zus – 0 M = 17 – 19 – 21 M.

1 Runde rechts stricken.

19. Runde: 1 M rechts, *2 M re zus*; von *bis* stets wiederholen = 9 – 10 – 11 M.

20. Runde: Fortlaufend 2 M li zus, enden mit 1 M links – 0 M – 1 M links = 5 – 5 – 6 M.

Garn abschneiden, den Faden durch die Maschen fädeln und fest anziehen.

Die zweite Socke genauso stricken.

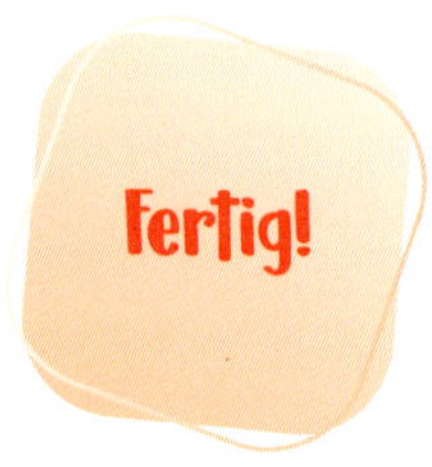


## Und zum Schluss ...

**die Fäden vernähen. Falls notwendig die kleinen Löcher an der Ferse schließen.**

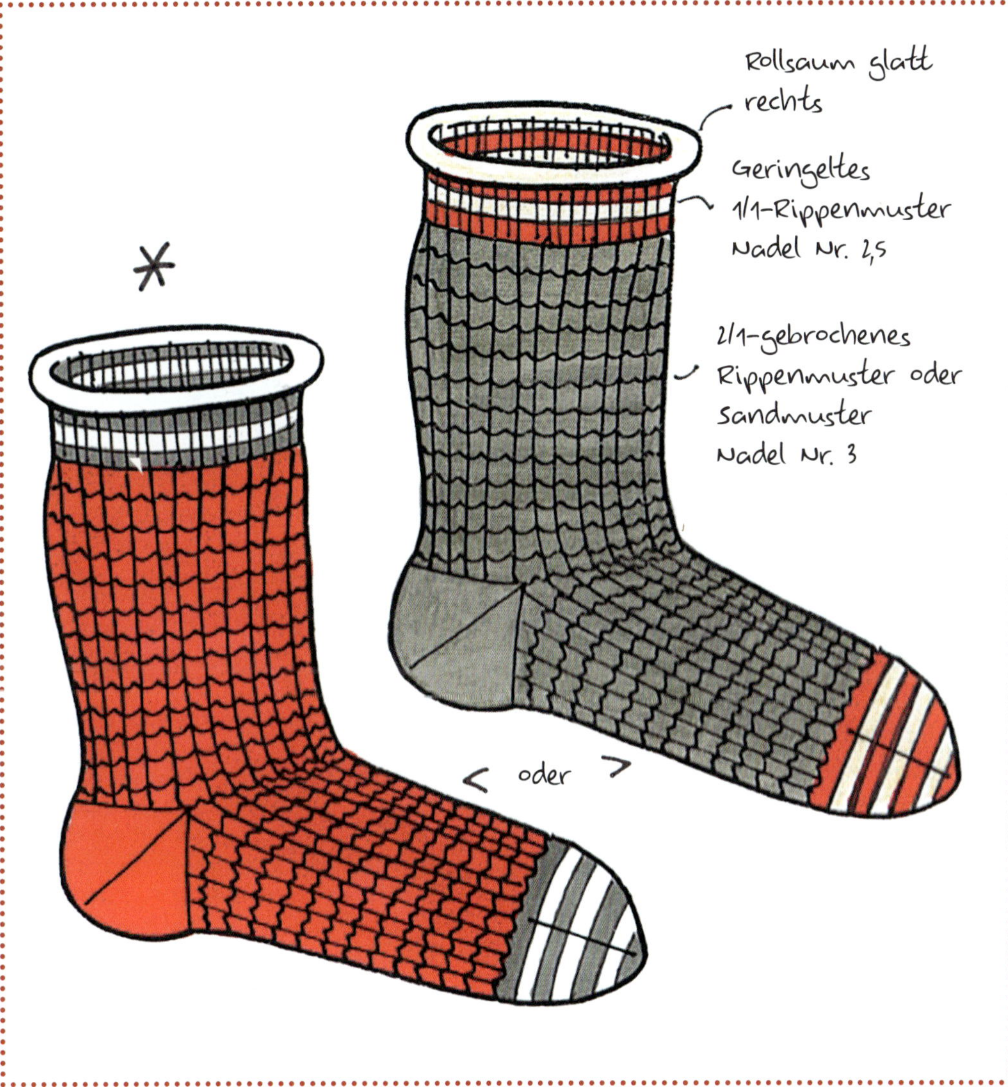
Rollsaum glatt rechts
Geringeltes 1/1-Rippenmuster Nadel Nr. 2,5
2/1-gebrochenes Rippenmuster oder Sandmuster Nadel Nr. 3
*
< oder >

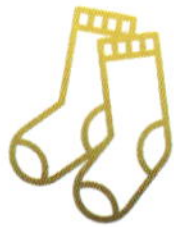

MODELL 8

# Geringelte Kniestrümpfe

## Variante 1

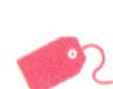

### Größen

36/37 – 38/39 – 40/41

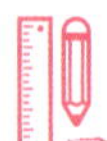

### Material

- Garn: SUPER SOXX 6-fach von Lang Yarns (75 % Wolle, 25 % Polyamid)
  Je 1 Knäuel (à 150 g) in den Farben: Grau 907.0024 – Gold 907.0050 – Azalee 9070084 – Bordeaux 907.0064 – Orange 907.0059 – Petrol 907.0088
- Rundstricknadeln Nr. 3 und Nr. 3,5
- Nadelspiel Nr. 3,5
- Maschenmarkierer

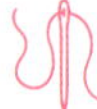

### Muster und Maschen

**2/2-Rippenmuster:** Die Maschenzahl ist teilbar durch 4.
1. Reihe: *2 M rechts, 2 M links*, von *bis* stets wiederholen.
In den folgenden Reihen die rechten M rechts, die linken M links stricken.

**Glatt rechts:** abwechselnd 1 Reihe rechte M und 1 Reihe linke M stricken. Diese beiden Reihen stets wiederholen.

**2 Maschen rechts überzogen zusammenstricken (2 M re überz zus):** 1 M abheben, die folgende M rechts stricken und die abgehobene M über die gestrickte M ziehen.

**2 Maschen rechts zusammenstricken (2 M re zus):** in 2 M zusammen wie zum Rechtsstricken einstechen und sie rechts zusammenstricken.

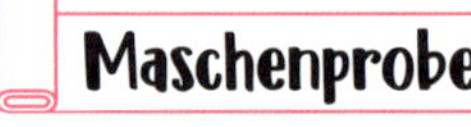

### Maschenprobe

Diese ist notwendig, damit die Strickarbeit die richtige Größe erhält.
Glatt rechts mit Nadel Nr. 3,5: 26 M × 36 Reihen = 10 × 10 cm.

### Anleitung

Die Socke wird von oben gestrickt. Die Ferse ist eine Bumerangferse mit Wickelmaschen.

#### Schaft

Mit der Rundstricknadel Nr. 3 in Gold 72 – 76 – 80 M anschlagen und 4 Runden im 2/2-Rippenmuster stricken, dann in Grau 14 Runden in 2/2-Rippen stricken. Zwischen der ersten und letzten M der Runde einen Maschenmarkierer setzen = Rückseite der Socke.

Mit der Rundstricknadel Nr. 3,5 glatt rechts geringelt fortfahren: 8 Runden Bordeaux, 4 Runden Azalee, 2 Runden Petrol, 6 Runden Orange, 2 Runden Gold, 4 Runden Grau, 4 Runden Petrol, 4 Runden Azalee, 2 Runden Orange, 4 Runden Gold, 6 Runden Bordeaux, 4 Runden Orange, 6 Runden Petrol, 2 Runden Azalee, 2 Runden Grau, 4 Runden Orange, 8 Runden Gold, 4 Runden Bordeaux, 4 Runden Grau, 4 Runden Petrol, 8 Runden Azalee, 6 Runden Orange, 2 Runden Petrol, 4 Runden Gold, 4 Runden Grau, dabei beiderseits des Maschenmarkierers je 1 M abnehmen (am Rundenanfang 2 M re zus, am Rundenende 2 M re überz zus) wie folgt: 11-mal in jeder 8. Runde = 50 – 54 – 58 M.

#### Ferse

Am Ende der Ringel die mittleren 25 – 27 – 29 M (Fußrücken) ruhen lassen und die Bumerangferse in Reihen arbeiten (siehe Seite 9): Mit dem Nadelspiel die 25 – 27 – 29 Fersenmaschen in Azalee stricken bis 1 M vor

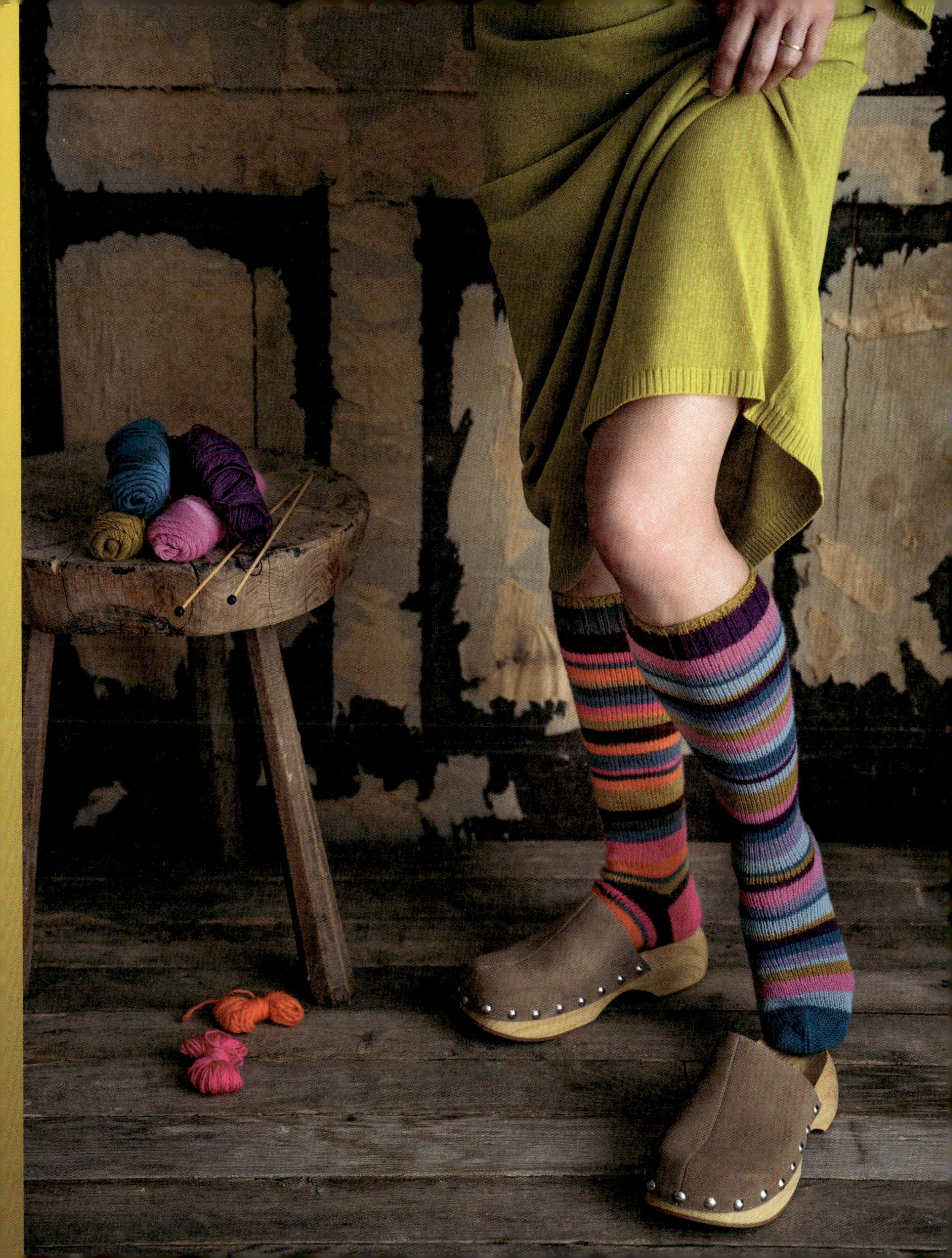

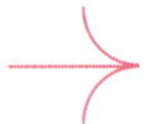

Ende, die Arbeit wenden (mit Wickelmasche). So fortfahren, bis noch 10 – 12 – 14 mittlere M verbleiben. In den folgenden Reihen die Wickelmaschen wieder mit aufnehmen, bis wieder 25 – 27 – 29 M erreicht sind.

### Fuß

Wieder alle 50 – 54 – 58 M auf die Rundstricknadel Nr. 3,5 aufnehmen. Mit Bordeaux beginnen und den Fuß glatt rechts geringelt stricken wie folgt: 8 Runden Bordeaux, 4 Runden Azalee, 2 Runden Petrol, 6 Runden Orange, 2 Runden Gold, 4 Runden Grau, 4 Runden Petrol, 4 Runden Azalee, 2 Runden Orange, 4 Runden Gold, 6 Runden Bordeaux, 2 – 6 – 10 Runden Orange = 14 – 15 – 16 cm.

### Spitze

In Petrol 4 Runden ohne Abnahmen glatt rechts stricken, dann mit den Abnahmen beginnen:

5. Runde: 2 M re zus, 21 – 23 – 25 M rechts, 2 M re überz zus, 2 M re zus, 21 – 23 – 25 M rechts, 2 M re überz zus = 46 – 50 – 54 M.

3 Runden rechts stricken.

9. Runde: 2 M re zus, 19 – 21 – 23 M rechts, 2 M re überz zus, 2 M re zus, 19 – 21 – 23 M rechts, 2 M re überz zus = 42 – 46 – 50 M.

1 Runde rechts stricken.

11. Runde: 2 M re zus, 17 – 19 – 21 M rechts, 2 M re überz zus, 2 M re zus, 17 – 19 – 21 M rechts, 2 M re überz zus = 38 – 42 – 46 M.

12. Runde: 2 M re zus, 15 – 17 – 19 M rechts, 2 M re überz zus, 2 M re zus, 15 – 17 – 19 M rechts, 2 M re überz zus = 34 – 38 – 42 M.

13. Runde: 2 M re zus, 13 – 15 – 17 M rechts, 2 M re überz zus, 2 M re zus, 13 – 15 – 17 M rechts, 2 M re überz zus = 30 – 34 – 38 M.

14. Runde: 2 M re zus, 11 – 13 – 15 M rechts, 2 M re überz zus, 2 M re zus, 11 – 13 – 15 M rechts, 2 M re überz zus = 26 – 30 – 34 M.

15. Runde: 2 M re zus, 9 – 11 – 13 M rechts, 2 M re überz zus, 2 M re zus, 9 – 11 – 13 M rechts, 2 M re überz zus = 22 – 26 – 30 M.

16. Runde: 2 M re zus, 7 – 9 – 11 M rechts, 2 M re überz zus, 2 M re zus, 7 – 9 – 11 M rechts, 2 M re überz zus = 18 – 22 – 26 M.

17. Runde: 2 M re zus, 5 – 7 – 9 M rechts, 2 M re überz zus, 2 M re zus, 5 – 7 – 9 M rechts, 2 M re überz zus = 14 – 18 – 22 M.

18. Runde: 2 M re zus, 3 – 5 – 7 M rechts, 2 M re überz zus, 2 M re zus, 3 – 5 – 7 M rechts, 2 M re überz zus = 10 – 14 – 18 M.

19. Runde: 2 M re zus, 1 – 3 – 5 M rechts, 2 M re überz zus, 2 M re zus, 1 – 3 – 5 M rechts, 2 M re überz zus = 6 – 10 – 14 M.

Garn abschneiden, den Faden durch die Maschen fädeln und fest anziehen.

Die zweite Socke genauso stricken.

## Und zum Schluss ...

**die Fäden vernähen. Falls notwendig die kleinen Löcher an der Ferse schließen.**

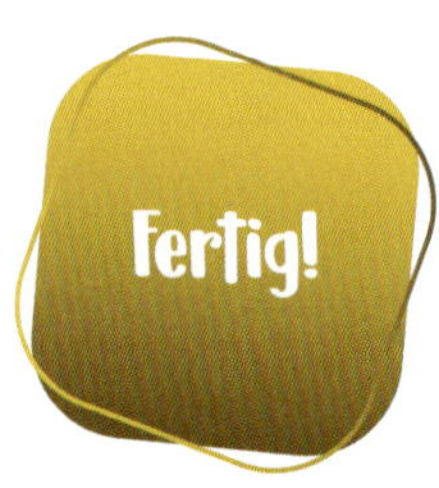

## Variante 2

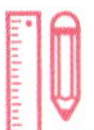

### Material

- Garn: JAWOLL von Lang Yarns (75 % Wolle, 25 % Polyamid) Je 1 Knäuel (à 50 g) in den Farben: Violett 83.0280 – Gold 83.0150 – Lila 83.0245 – Rosa 83.0119 – Acqua 83.0372 – Petrol 83.0188
- Rundstricknadeln Nr. 3 und Nr. 3,5
- Nadelspiel Nr. 3,5
- Maschenmarkierer

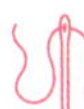

### Muster und Maschen

**2/2-Rippenmuster:** Die Maschenzahl ist teilbar durch 4. 1. Reihe: *2 M rechts, 2 M links*, von *bis* stets wiederholen. In den folgenden Reihen die rechten M rechts, die linken M links stricken.

**Glatt rechts:** abwechselnd 1 Reihe rechte M und 1 Reihe linke M stricken. Diese beiden Reihen stets wiederholen.

**2 Maschen rechts überzogen zusammenstricken (2 M re überz zus):** 1 M abheben, die folgende M rechts stricken und die abgehobene M über die gestrickte M ziehen.

**2 Maschen rechts zusammenstricken (2 M re zus):** in 2 M zusammen wie zum Rechtsstricken einstechen und sie rechts zusammenstricken.

### Maschenprobe

Diese ist notwendig, damit die Strickarbeit die richtige Größe erhält.
Glatt rechts mit Nadel Nr. 3,5: 26 M × 36 Reihen = 10 × 10 cm.

### Anleitung

Die Socke wird von oben gestrickt. Die Ferse ist eine Bumerangferse mit Wickelmaschen.

Die Ferse kann mit dem Beilaufgarn, das im Knäuel versteckt ist, verstärkt werden.

#### Schaft

Mit der Rundstricknadel Nr. 3 in Gold 72 – 76 – 80 M anschlagen und 4 Runden im 2/2-Rippenmuster stricken, dann in Violett 14 Runden in 2/2-Rippen stricken. Zwischen der ersten und letzten M der Runde einen Maschenmarkierer setzen = Rückseite der Socke.

Mit der Rundstricknadel Nr. 3,5 glatt rechts geringelt fortfahren: 8 Runden Rosa, 4 Runden Lila, 2 Runden Petrol, 6 Runden Acqua, 2 Runden Gold, 4 Runden Violett, 4 Runden Petrol, 4 Runden Lila, 2 Runden Acqua, 4 Runden Gold, 6 Runden Rosa, 4 Runden Acqua, 6 Runden Petrol, 2 Runden Lila, 2 Runden Violett, 4 Runden Acqua, 8 Runden Gold, 4 Runden Rosa, 4 Runden Violett, 4 Runden Petrol, 8 Runden Lila, 6 Runden Acqua, 2 Runden Petrol, 4 Runden Gold, 4 Runden Violett, dabei beiderseits des Maschenmarkierers je 1 M abnehmen (am Rundenanfang 2 M re zus, am Rundenende 2 M re überz zus) wie folgt: 11-mal in jeder 8. Runde = 50 – 54 – 58 M.

#### Ferse

Am Ende der Ringel die mittleren 25 – 27 – 29 M (Fußrücken) ruhen lassen und die Bumerangferse in Reihen arbeiten (siehe Seite 9): Mit dem Nadelspiel die 25 – 27 – 29 Fersenmaschen in Azalee stricken bis 1 M vor Ende, die Arbeit wenden (mit Wickelmasche). So fortfahren, bis noch 10 – 12 – 14 mittlere M verbleiben. In den folgenden Reihen die Wickelmaschen wieder mit aufnehmen, bis wieder 25 – 27 – 29 M erreicht sind.

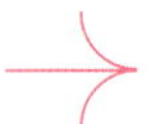

### Fuß

Wieder alle 50 – 54 – 58 M auf die Rundstricknadel Nr. 3,5 aufnehmen. Mit Rosa beginnen und den Fuß glatt rechts geringelt stricken wie folgt: 8 Runden Rosa, 4 Runden Lila, 2 Runden Petrol, 6 Runden Acqua, 2 Runden Gold, 4 Runden Violett, 4 Runden Petrol, 4 Runden Lila, 2 Runden Acqua, 4 Runden Gold, 6 Runden Rosa, 2 – 6 – 10 Runden Acqua = 14 – 15 – 16 cm.

### Spitze

In Petrol 4 Runden ohne Abnahmen glatt rechts stricken, dann mit den Abnahmen beginnen:

5. Runde: 2 M re zus, 21 – 23 – 25 M rechts, 2 M re überz zus, 2 M re zus, 21 – 23 – 25 M rechts, 2 M re überz zus = 46 – 50 – 54 M.

3 Runden rechts stricken.

9. Runde: 2 M re zus, 19 – 21 – 23 M rechts, 2 M re überz zus, 2 M re zus, 19 – 21 – 23 M rechts, 2 M re überz zus = 42 – 46 – 50 M.

1 Runde rechts stricken.

11. Runde: 2 M re zus, 17 – 19 – 21 M rechts, 2 M re überz zus, 2 M re zus, 17 – 19 – 21 M rechts, 2 M re überz zus = 38 – 42 – 46 M.

12. Runde: 2 M re zus, 15 – 17 – 19 M rechts, 2 M re überz zus, 2 M re zus, 15 – 17 – 19 M rechts, 2 M re überz zus = 34 – 38 – 42 M.

13. Runde: 2 M re zus, 13 – 15 – 17 M rechts, 2 M re überz zus, 2 M re zus, 13 – 15 – 17 M rechts, 2 M re überz zus = 30 – 34 – 38 M.

14. Runde: 2 M re zus, 11 – 13 – 15 M rechts, 2 M re überz zus, 2 M re zus, 11 – 13 – 15 M rechts, 2 M re überz zus = 26 – 30 – 34 M.

15. Runde: 2 M re zus, 9 – 11 – 13 M rechts, 2 M re überz zus, 2 M re zus, 9 – 11 – 13 M rechts, 2 M re überz zus = 22 – 26 – 30 M.

16. Runde: 2 M re zus, 7 – 9 – 11 M rechts, 2 M re überz zus, 2 M re zus, 7 – 9 – 11 M rechts, 2 M re überz zus = 18 – 22 – 26 M.

17. Runde: 2 M re zus, 5 – 7 – 9 M rechts, 2 M re überz zus, 2 M re zus, 5 – 7 – 9 M rechts, 2 M re überz zus = 14 – 18 – 22 M.

18. Runde: 2 M re zus, 3 – 5 – 7 M rechts, 2 M re überz zus, 2 M re zus, 3 – 5 – 7 M rechts, 2 M re überz zus = 10 – 14 – 18 M.

19. Runde: 2 M re zus, 1 – 3 – 5 M rechts, 2 M re überz zus, 2 M re zus, 1 – 3 – 5 M rechts, 2 M re überz zus = 6 – 10 – 14 M.

Garn abschneiden, den Faden durch die Maschen fädeln und fest anziehen.

Die zweite Socke genauso stricken.

## Und zum Schluss ...

**die Fäden vernähen. Falls notwendig die kleinen Löcher an der Ferse schließen.**

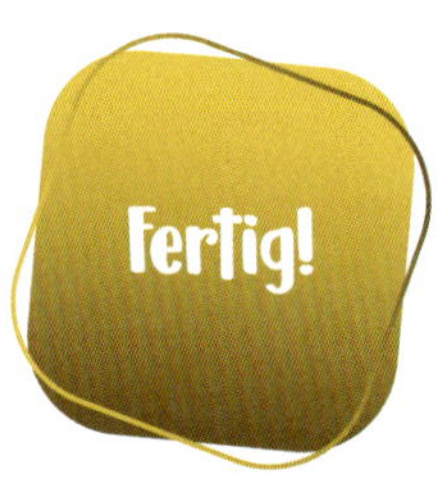

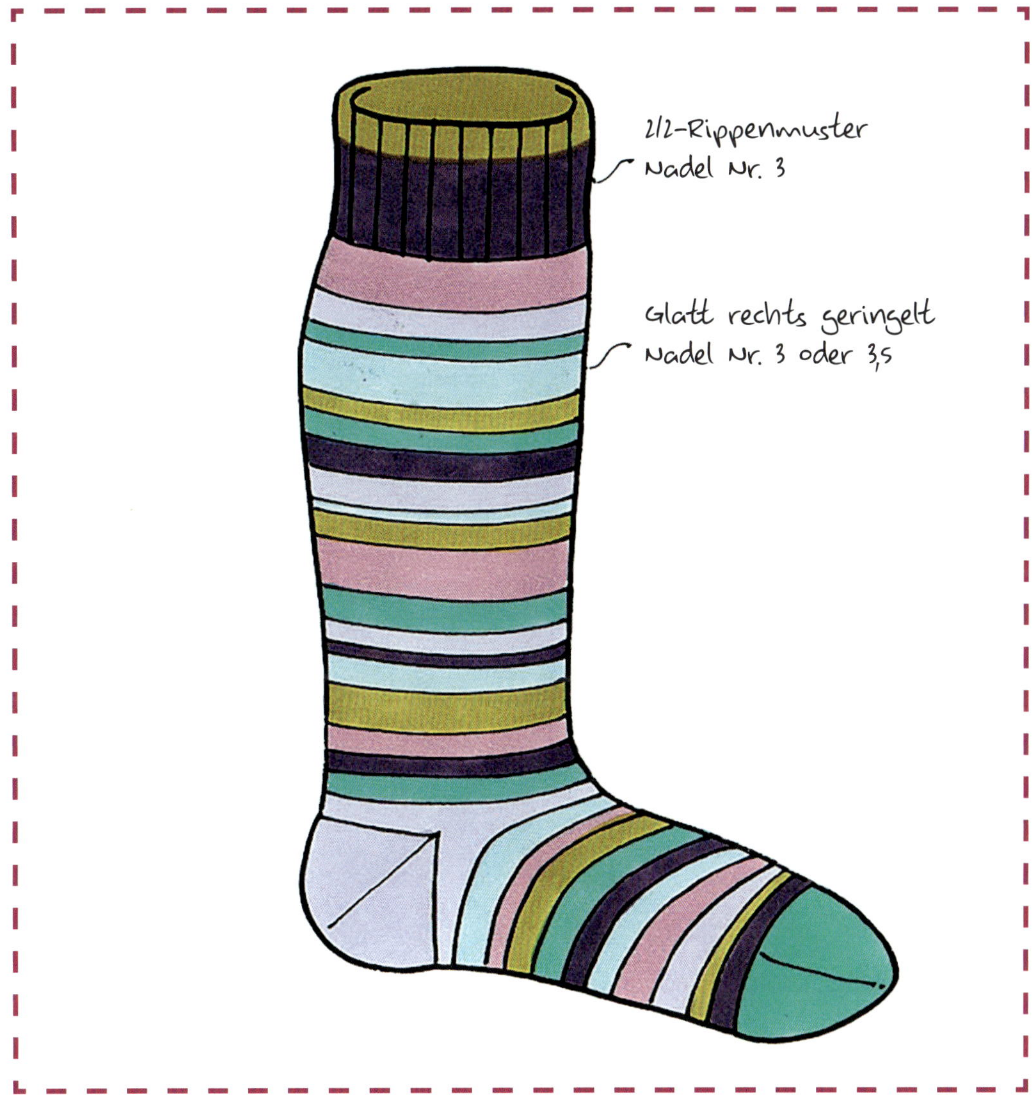
2/2-Rippenmuster
Nadel Nr. 3
Glatt rechts geringelt
Nadel Nr. 3 oder 3,5

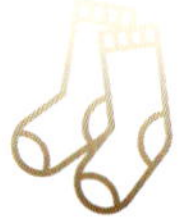

MODELL 9

# Socken mit Ajour-Rauten

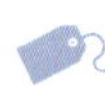

## Größen

36/37 – 38/39 – 40/41

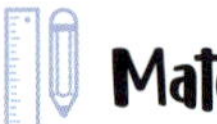

## Material

- Garn: JAWOLL SILK von Lang Yarns (55 % Wolle, 25 % Polyamid, 20 % Seide)
  2 – 2 – 3 Knäuel (à 50 g) in der Farbe Malve 130.0133
- Rundstricknadeln Nr. 2,5 und Nr. 3
- Maschenmarkierer

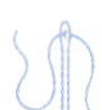

## Muster und Maschen

**1/1-Rippenmuster:** Die Maschenzahl ist teilbar durch 2.
1. Reihe: *1 M rechts, 1 M links*, von *bis* stets wiederholen.
In den folgenden Reihen die rechten M rechts, die linken M links stricken.

**Glatt rechts:** abwechselnd 1 Reihe rechte M und 1 Reihe linke M stricken. Diese beiden Reihen stets wiederholen.

**Ajour-Muster:** siehe Strickschrift Nr. 1 und 2 (s. S. 49).

**2 Maschen rechts überzogen zusammenstricken (2 M re überz zus):** 1 M abheben, die folgende M rechts stricken und die abgehobene M über die gestrickte M ziehen.

**2 Maschen rechts zusammenstricken (2 M re zus):** in 2 M zusammen wie zum Rechtsstricken einstechen und sie rechts zusammenstricken.

**2 Maschen links zusammenstricken (2 M li zus):** in 2 M zusammen wie zum Linksstricken einstechen und sie links zusammenstricken.

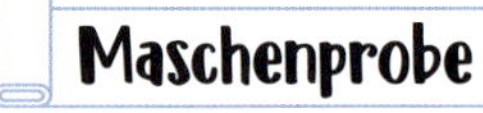

## Maschenprobe

Diese ist notwendig, damit die Strickarbeit die richtige Größe erhält.
Glatt rechts mit Nadel Nr. 3: 28 M × 39 Reihen = 10 × 10 cm.

## Anleitung

Die Socke wird von unten wie ein Schlauch gestrickt. Die nachträgliche Ferse und die Spitze werden ganz zum Schluss gearbeitet.

### Fuß

Mit der Rundstricknadel Nr. 3 55 – 59 – 63 M auf einen Hilfsfaden (von heller Farbe) anschlagen und einige Runden glatt rechts stricken (diese werden später wieder aufgetrennt, um die Spitze zu arbeiten).

Zwischen der ersten und letzten M der Runde einen Maschenmarkierer setzen = Rückseite der Socke.

Im Ajour-Muster 1-mal Strickschrift Nr. 1 stricken, danach glatt rechts fortfahren.

In 14 – 15 – 16 cm Gesamthöhe an der Rückseite der Socke einen Maschenmarkierer setzen (Position der späteren nachträglichen Ferse).

### Tipp – Nachträgliche Ferse

Zur Markierung der Ferse und zur besseren Orientierung beim späteren Durchschneiden des Garns in Höhe der Ferse kann man die 13 – 14 – 15 M rechts und links des Maschenmarkierers in einer Kontrastfarbe rechts stricken. Anschließend strickt man über alle Maschen mit der angegebenen Farbe weiter bis zum Ende der Socke.

Für die Ferse wird dann später einfach der Kontrastfaden durchgeschnitten und entfernt. Dann nimmt man die offenen Maschen auf eine Rundstricknadel auf.

### Schaft

Weitere 4 – 6 – 10 Runden glatt rechts stricken, dann glatt rechts und in Ajour-Rauten nach Strickschrift Nr. 2 fortfahren, dabei beiderseits des Maschenmarkierers je 1 M zunehmen wie folgt: 7-mal in jeder 8. Runde = 69 – 73 – 77 M.

Mit den Nadeln Nr. 2,5 weiter nach Strickschrift Nr. 2 im 1/1-Rippenmuster arbeiten, dabei am Beginn der 1. Runde 1 M abnehmen = 68 – 72 – 76 M.

Nach 4 cm (18 Runden) die Maschen locker im 1/1-Rippenmuster abketten.

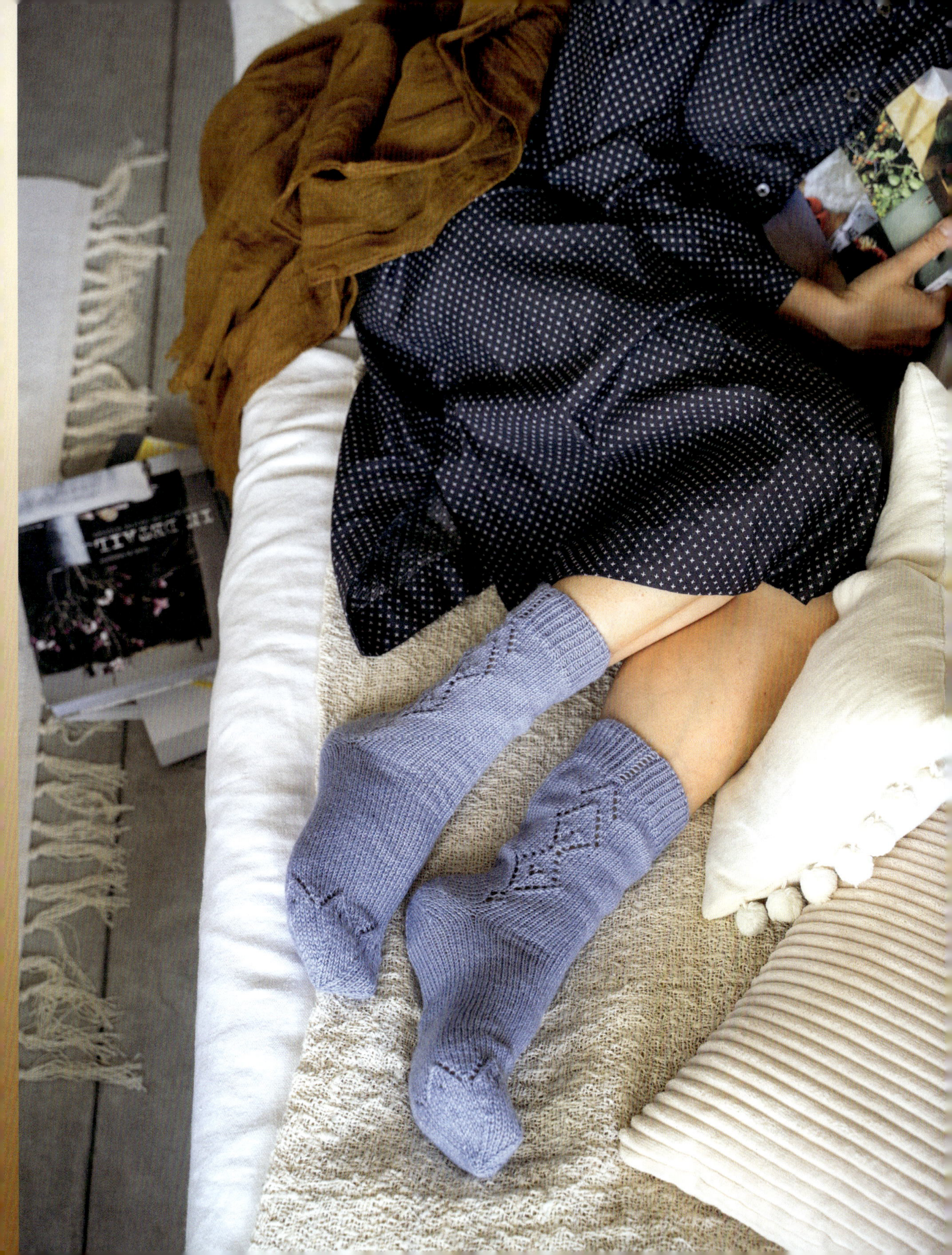

# MODELL 9 Socken mit Ajour-Rauten

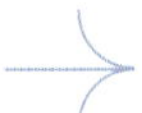

## Spitze

In Malve fortfahren. Den Hilfsfaden entfernen und die 55 – 59 – 63 M auf die Rundstricknadel Nr. 3 legen. Zwischen der ersten und letzten M der Runde einen Maschenmarkierer setzen = Rückseite der Socke.

4 Runden glatt rechts stricken, dabei in der 1. Runde beiderseits des Maschenmarkierers je 1 M abnehmen = 53 – 57 – 61 M. Dann die Abnahmen für die Spitze arbeiten wie folgt:

5. Runde: 5 – 6 – 7 M rechts, 2 M re zus, 6 – 6 – 6 M rechts, 2 M re zus, 5 – 6 – 7 M rechts, 2 M re zus, 6 – 6 – 6 M rechts, 2 M re zus, 5 – 6 – 7 M rechts, 2 M re zus, 6 – 6 – 6 M rechts, 2 M re zus, 5 – 6 – 7 M rechts, 2 M re zus, 1 M rechts = 46 – 50 – 54 M.

3 Runden rechts stricken.

9. Runde: *4 – 5 – 6 M rechts, 2 M re zus, 5 – 5 – 5 M rechts, 2 M re zus*, von *bis* stets wiederholen, enden mit 4 – 5 – 6 M rechts, 2 M re zus, 1 M rechts = 39 – 43 – 47 M.

1 Runde rechts stricken.

11. Runde: *3 – 4 – 5 M rechts, 2 M re zus, 4 – 4 – 4 M rechts, 2 M re zus*, von *bis* stets wiederholen, enden mit 3 – 4 – 5 M rechts, 2 M re zus, 1 M rechts = 32 – 36 – 40 M.

1 Runde rechts stricken.

13. Runde: *2 – 3 – 4 M rechts, 2 M re zus, 3 – 3 – 3 M rechts, 2 M re zus*, von *bis* stets wiederholen, enden mit 2 – 3 – 4 M rechts, 2 M re zus, 1 M rechts = 25 – 29 – 33 M.

1 Runde rechts stricken.

15. Runde: *1 – 2 – 3 M rechts, 2 M re zus, 2 – 2 – 2 M rechts, 2 M re zus*, von *bis* stets wiederholen, enden mit 1 – 2 – 3 M rechts, 2 M re zus, 1 M rechts = 18 – 22 – 26 M.

1 Runde rechts stricken.

17. Runde: *0 – 1 – 2 M rechts, 2 M re zus, 1 – 1 – 1 M rechts, 2 M re zus*, von *bis* stets wiederholen, enden mit 0 – 1 – 2 M rechts, 2 M re zus, 1 M rechts = 11 – 15 – 19 M.

1 Runde rechts stricken.

19. Runde: *2 M re zus*, von *bis* stets wiederholen, enden mit 1 M rechts = 6 – 8 – 10 M.

Garn abschneiden, den Faden durch die Maschen fädeln und fest anziehen.

## Ferse

In Höhe des Maschenmarkierers das Garn durchschneiden und beiderseits des Maschenmarkierers je 13 – 14 – 15 M auf die Rundstricknadel Nr. 3 aufnehmen. Dann die entsprechenden 26 – 28 – 30 M der Runde oberhalb des durchgeschnittenen Garns aufnehmen = 52 – 56 – 60 M. Mit diesen M fortfahren und 3 Runden glatt rechts stricken, dann mit den Abnahmen beginnen:

4. Runde: 5 – 6 – 7 M rechts, 2 M re zus, 6 – 6 – 6 M rechts, 2 M re zus, 5 – 6 – 7 M rechts, 2 M re zus, 6 – 6 – 6 M rechts, 2 M re zus, 5 – 6 – 7 M rechts, 2 M re zus, 6 – 6 – 6 M rechts, 2 M re zus, 5 – 6 – 7 M rechts, 2 M re zus = 45 – 49 – 53 M.

3 Runden rechts stricken.

8. Runde: *4 – 5 – 6 M rechts, 2 M re zus, 5 – 5 – 5 M rechts, 2 M re zus*, von *bis* stets wiederholen, enden mit 4 – 5 – 6 M rechts, 2 M re zus = 38 – 42 – 46 M.

3 Runden rechts stricken.

12. Runde: *3 – 4 – 5 M rechts, 2 M re zus, 4 – 4 – 4 M rechts, 2 M re zus*, von *bis* stets wiederholen, enden mit 3 – 4 – 5 M rechts, 2 M re zus = 31 – 35 – 39 M.

1 Runde rechts stricken.

14. Runde: *2 – 3 – 4 M rechts, 2 M re zus, 3 – 3 – 3 M rechts, 2 M re zus*, von *bis* stets wiederholen, enden mit 2 – 3 – 4 M rechts, 2 M re zus = 24 – 28 – 32 M.

1 Runde rechts stricken.

16. Runde: *1 – 2 – 3 M rechts, 2 M re zus, 2 – 2 – 2 M rechts, 2 M re zus*, von *bis* stets wiederholen, enden mit 1 – 2 – 3 M rechts, 2 M re zus = 17 – 21 – 25 M.

1 Runde rechts stricken.

18. Runde: *0 – 1 – 2 M rechts, 2 M re zus, 1 – 1 – 1 M rechts, 2 M re zus*, von *bis* stets wiederholen, enden mit 0 – 1 – 2 M rechts, 2 M re zus = 10 – 14 – 18 M.

19. Runde: *2 M re zus*, von *bis* stets wiederholen, enden mit 1 M rechts = 5 – 7 – 9 M.

Garn abschneiden, den Faden durch die Maschen fädeln und fest anziehen.

Die zweite Socke genauso stricken.

# Und zum Schluss ...

**die Fäden vernähen. Falls notwendig die kleinen Löcher an der Ferse schließen.**

- □ Hinreihen: rechte M, Rückreihen: linke M
- O 1 Umschlag
- ⋀ 2 M rechts zusammenstricken
- ⋋ 2 M rechts überzogen zusammenstricken
- ⋋ 3 M rechts überzogen zusammenstricken
- ▲ 2 M links zusammenstricken

Strickschrift Nr. 1 - Fuß

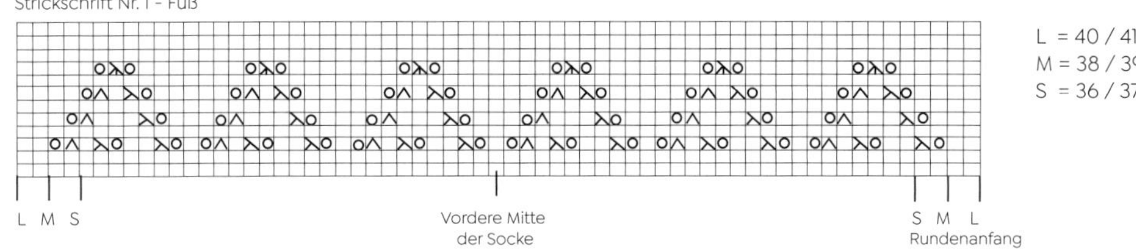


L M S

Strickschrift Nr. 2 - Schaft

Mitte

S M L

1/1-Rippenmuster

L M S
Rundenende

Vordere Mitte der Socke

S M L
Rundenanfang

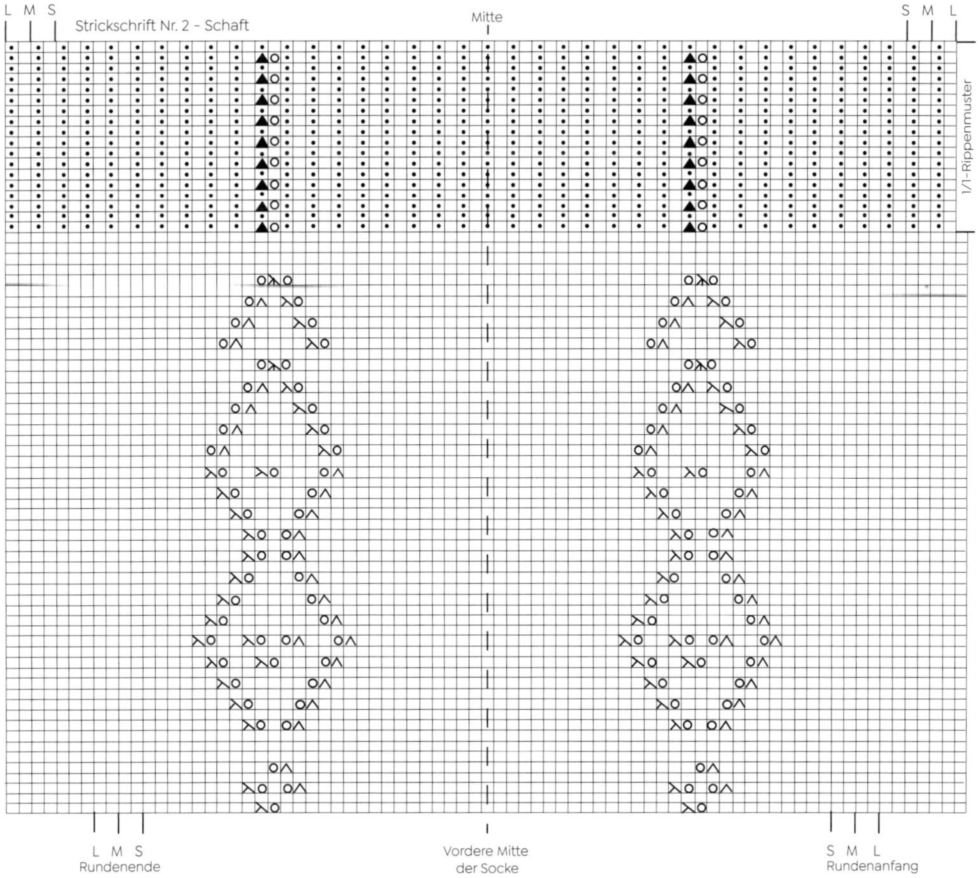

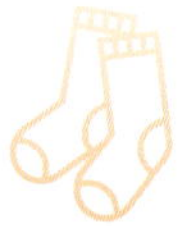

MODELL 10

# Gepunktete Tabi-Socken

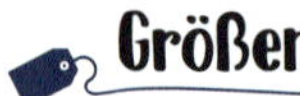

## Größen

36/37 – 38/39 – 40/41

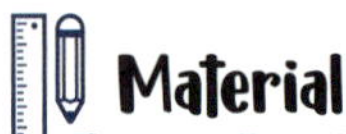

## Material

- Garn: JAWOLL von Lang Yarns (75 % Wolle, 25 % Polyamid)
  1 – 2 – 2 Knäuel (à 50 g) in der Farbe Schwarz 83.0004
  1 Knäuel (50 g) in der Farbe Weiß 83.0001
- Rundstricknadeln Nr. 2,5 und Nr. 3
- Nadelspiel Nr. 3
- Maschenmarkierer

## Muster und Maschen

**1/1-Rippenmuster:** Die Maschenzahl ist teilbar durch 2.
1. Reihe: *1 M rechts, 1 M links*, von *bis* stets wiederholen.
In den folgenden Reihen die rechten M rechts, die linken M links stricken.

**Glatt rechts:** abwechselnd 1 Reihe rechte M und 1 Reihe linke M stricken. Diese beiden Reihen stets wiederholen.

**Pünktchen-Jacquard:** nach der Strickschrift arbeiten (s. S. 52).

**2 Maschen rechts überzogen zusammenstricken (2 M re überz zus):** 1 M abheben, die folgende M rechts stricken und die abgehobene M über die gestrickte M ziehen.

**2 Maschen rechts zusammenstricken (2 M re zus):** in 2 M zusammen wie zum Rechtsstricken einstechen und sie rechts zusammenstricken.

## Maschenprobe

Diese ist notwendig, damit die Strickarbeit die richtige Größe erhält.
Jacquard mit Nadel Nr. 3: 26 M × 36 Reihen = 10 × 10 cm.

## Anleitung

Die Socke wird von oben gestrickt. Die Ferse ist eine Bumerangferse mit Wickelmaschen.

Die Ferse kann mit dem Beilaufgarn, das im Knäuel versteckt ist, verstärkt werden.

### Schaft

Mit der Rundstricknadel Nr. 2,5 in Weiß 60 – 64 – 68 M anschlagen und in Runden 4 cm (16 Runden) im 1/1-Rippenmuster stricken. Zwischen der ersten und letzten M der Runde einen Maschenmarkierer setzen = Rückseite der Socke.

In Schwarz und Weiß im Pünktchen-Jacquard (Strickschrift) fortfahren, dabei beiderseits des Maschenmarkierers je 1 M abnehmen (am Rundenanfang 2 M re zus, am Rundenende 2 M re überz zus) wie folgt: 3-mal in jeder 8. Runde, 2-mal in jeder 6. Runde = 50 – 54 – 58 M.

### Ferse

In 13 – 15 – 17 cm Gesamthöhe die mittleren 24 – 26 – 28 M (Fußrücken) ruhen lassen und die Bumerangferse in Reihen arbeiten (siehe Seite 9). Dazu das schwarze Garn sowie zur Verstärkung das beigefügte Beilaufgarn verwenden. Mit dem Nadelspiel Nr. 3 die 26 – 28 -30 Fersenmaschen stricken bis 1 M vor Ende, die Arbeit wenden (mit Wickelmasche). So fortfahren, bis noch 10 – 12 – 14 mittlere M verbleiben. In den folgenden Reihen die Wickelmaschen wieder mit aufnehmen, bis wieder 26 – 28 – 30 M erreicht sind.

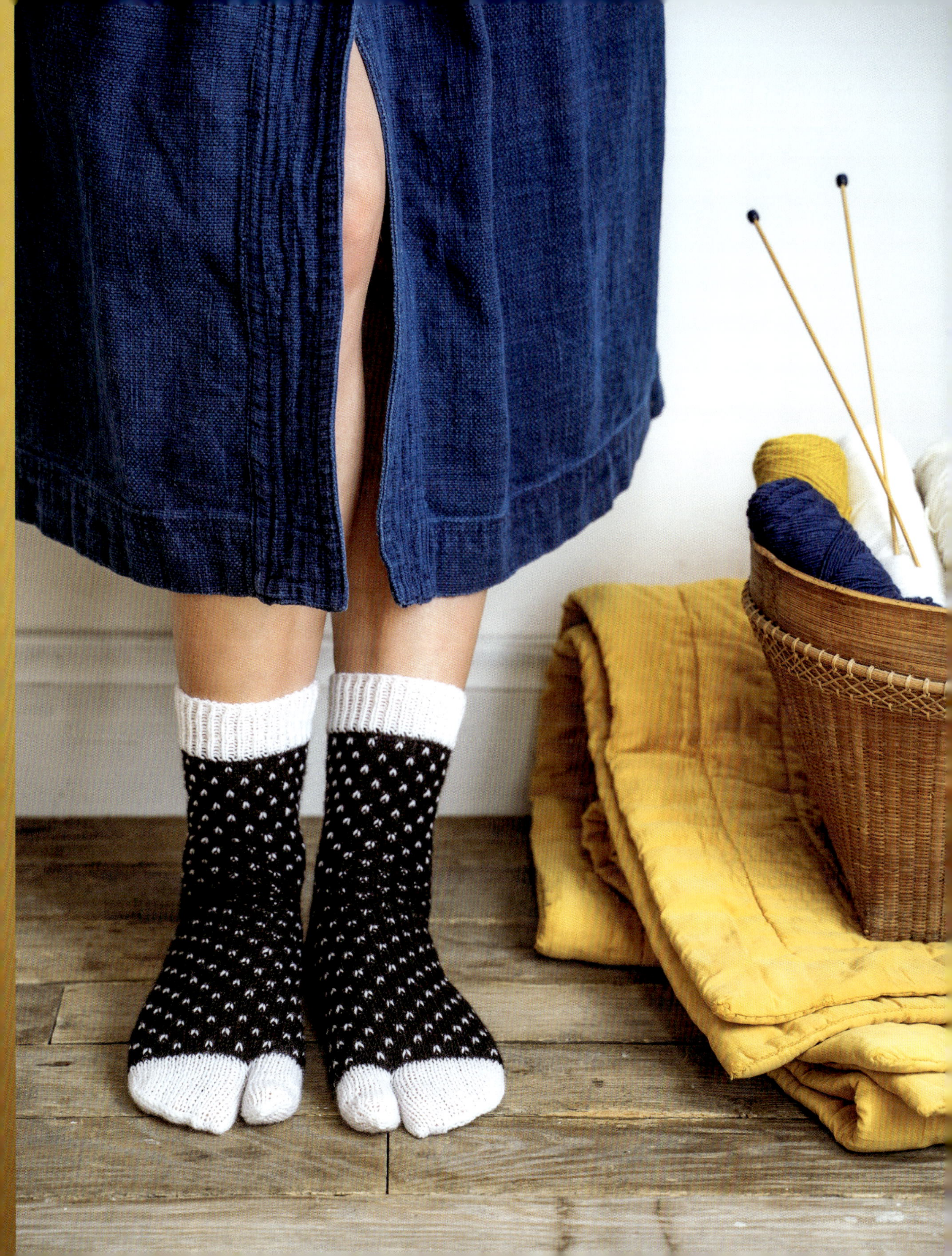

# MODELL 10 **Gepunktete Tabi-Socken**

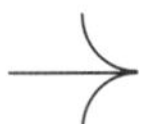

### Fuß

Wieder alle 50 – 54 – 58 M auf die Rundstricknadel Nr. 3 aufnehmen und 14 – 15 – 16 cm im Pünktchen-Jacquard in Schwarz (ohne Beilaufgarn) und Weiß stricken.

### Spitze

Nach 2 uni schwarzen Runden 3 Runden in Weiß rechts stricken. Dann an den 33 – 35 – 37 M der rechten Seite weiterarbeiten; die 17 – 19 – 21 M der linken Seite ruhen lassen.

An der rechten Partie am Zehenübergang 3 M aufschlingen = 36 – 38 – 40 M. 4 Runden rechts stricken.

5. Runde: 16 – 17 – 18 M rechts, 2 M re zus, 2 M re überz zus, 16 – 17 – 18 M rechts = 34 – 36 – 38 M.

6. Runde: 15 – 16 – 17 M rechts, 2 M re zus, 2 M re überz zus, 15 – 16 – 17 M rechts = 32 – 34 – 36 M.

7. Runde: 14 – 15 – 16 M rechts, 2 M re zus, 2 M re überz zus, 14 – 15 – 16 M rechts = 30 – 32 – 34 M.

8. Runde: 13 – 14 – 15 M rechts, 2 M re zus, 2 M re überz zus, 13 – 14 – 15 M rechts = 28 – 30 – 32 M.

9. Runde: 12 – 13 – 14 M rechts, 2 M re zus, 2 M re überz zus, 12 – 13 – 14 M rechts = 26 – 28 – 30 M.

10. Runde: 11 – 12 – 13 M rechts, 2 M re zus, 2 M re überz zus, 11 – 12 – 13 M rechts = 24 – 26 – 28 M.

11. Runde: 10 – 11 – 12 M rechts, 2 M re zus, 2 M re überz zus, 10 – 11 – 12 M rechts = 22 – 24 – 26 M.

12. Runde: 9 – 10 – 11 M rechts, 2 M re zus, 2 M re überz zus, 9 – 10 – 11 M rechts = 20 – 22 – 24 M.

13. Runde: 8 – 9 – 10 M rechts, 2 M re zus, 2 M re überz zus, 8 – 9 – 10 M rechts = 18 – 20 – 22 M.

14. Runde: 7 – 8 – 9 M rechts, 2 M re zus, 2 M re überz zus, 7 – 8 – 9 M rechts = 16 – 18 – 20 M.

15. Runde: 6 – 7 – 8 M rechts, 2 M re zus, 2 M re überz zus, 6 – 7 – 8 M rechts = 14 – 16 – 18 M.

16. Runde: 5 – 6 – 7 M rechts, 2 M re zus, 2 M re überz zus, 5 – 6 – 7 M rechts = 12 – 14 – 16 M.

Alle M abketten, die Kanten aneinanderlegen und mit einer Naht im Maschenstich verbinden, oder die offenen M auf 2 Nadelspielnadeln legen und im Maschenstich verbinden: In beiden Fällen den Faden nicht zu fest anziehen.

Die 17 – 19 – 21 M der linken Partie wieder aufnehmen.

Am Zehenübergang 3 M aufschlingen = 20 – 22 – 24 M. 4 Runden rechts stricken.

5. Runde: 1 M rechts, 2 M re überz zus, 5 – 6 – 7 M rechts, 2 M re zus, 2 M re überz zus, 5 – 6 – 7 M rechts, 2 M re zus, 1 M rechts = 16 – 18 – 20 M.

5 Runden rechts stricken.

11. Runde: 1 M rechts, 2 M re überz zus, 3 – 4 – 5 M rechts, 2 M re zus, 2 M re überz zus, 3 – 4 – 5 M rechts, 2 M re zus, 1 M rechts = 12 – 14 – 16 M.

3 Runden rechts stricken.

15. Runde: 1 M rechts, 2 M re überz zus, 1 – 2 – 3 M rechts, 2 M re zus, 2 M re überz zus, 1 – 2 – 3 M rechts, 2 M re zus, 1 M rechts = 8 – 10 – 12 M.

1 Runde rechts stricken.

Strickschrift - Pünktchen-Jacquard

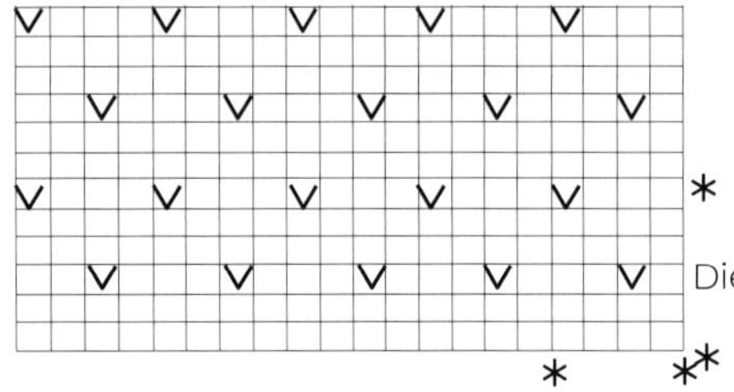


☐ Schwarz

☑ Weiß

17. Runde: Fortlaufend 2 M re zus stricken = 4 – 5 – 6 M.

Garn abschneiden, den Faden durch die Maschen fädeln und fest anziehen.

An der zweiten Socke die Spitze gegengleich stricken wie folgt:

### Spitze

Nach 2 uni schwarzen Runden 3 Runden in Weiß rechts stricken. Dann an den 33 – 35 – 37 M der linken Seite weiterarbeiten; die 17 – 19 – 21 M der rechten Seite ruhen lassen.

An der linken Partie am Zehenübergang 3 M aufschlingen = 36 – 38 – 40 M. 4 Runden rechts stricken.

5. Runde: 16 – 17 – 18 M rechts, 2 M re zus, 2 M re überz zus, 16 – 17 – 18 M rechts = 34 – 36 – 38 M.

6. Runde: 15 – 16 – 17 M rechts, 2 M re zus, 2 M re überz zus, 15 – 16 – 17 M rechts.= 32 – 34 – 36 M

7. Runde: 14 – 15 – 16 M rechts, 2 M re zus, 2 M re überz zus, 14 – 15 – 16 M rechts = 30 – 32 – 34 M.

8. Runde: 13 – 14 – 15 M rechts, 2 M re zus, 2 M re überz zus, 13 – 14 – 15 M rechts = 28 – 30 – 32 M.

9. Runde: 12 – 13 – 14 M rechts, 2 M re zus, 2 M re überz zus, 12 – 13 – 14 M rechts = 26 – 28 – 30 M.

10. Runde: 11 – 12 – 13 M rechts, 2 M re zus, 2 M re überz zus, 11 – 12 – 13 M rechts = 24 – 26 – 28 M.

11. Runde: 10 – 11 – 12 M rechts, 2 M re zus, 2 M re überz zus, 10 – 11 – 12 M rechts = 22 – 24 – 26 M.

12. Runde: 9 – 10 – 11 M rechts, 2 M re zus, 2 M re überz zus, 9 – 10 – 11 M rechts = 20 – 22 – 24 M.

13. Runde: 8 – 9 – 10 M rechts, 2 M re zus, 2 M re überz zus, 8 – 9 – 10 M rechts = 18 – 20 – 22 M.

14. Runde: 7 – 8 – 9 M rechts, 2 M re zus, 2 M re überz zus, 7 – 8 – 9 M rechts = 16 – 18 – 20 M.

15. Runde: 6 – 7 – 8 M rechts, 2 M re zus, 2 M re überz zus, 6 – 7 – 8 M rechts = 14 – 16 – 18 M.

16. Runde: 5 – 6 – 7 M rechts, 2 M re zus, 2 M re überz zus, 5 – 6 – 7 M rechts = 12 – 14 – 16 M.

Alle M abketten, die Kanten aufeinanderlegen und mit einer Naht im Maschenstich verbinden, oder die offenen M auf 2 Nadelspielnadeln legen und im Maschenstich verbinden; in beiden Fällen den Faden nicht zu fest anziehen.

Die 17 – 19 – 21 M der rechten Partie wieder aufnehmen.

Am Zehenübergang 3 M aufschlingen = 20 – 22 – 24 M. 4 Runden rechts stricken.

5. Runde: 1 M rechts, 2 M re überz zus, 5 – 6 – 7 M rechts, 2 M re zus, 2 M re überz zus, 5 – 6 – 7 M rechts, 2 M re zus, 1 M rechts = 16 – 18 – 20 M.

5 Runden rechts stricken.

11. Runde: 1 M rechts, 2 M re überz zus, 3 – 4 – 5 M rechts, 2 M re zus, 2 M re überz zus, 3 – 4 – 5 M rechts, 2 M re zus, 1 M rechts = 12 – 14 – 16 M.

3 Runden rechts stricken.

15. Runde: 1 M rechts, 2 M re überz zus, 1 – 2 – 3 M rechts, 2 M re zus, 2 M re überz zus, 1 – 2 – 3 M rechts, 2 M re zus, 1 M rechts = 8 – 10 – 12 M.

1 Runde rechts stricken.

17. Runde: Fortlaufend 2 M re zus stricken = 4 – 5 – 6 M.

Garn abschneiden, den Faden durch die Maschen fädeln und fest anziehen.

### Und zum Schluss ...

**die Fäden vernähen. Falls notwendig die kleinen Löcher an der Ferse schließen.**

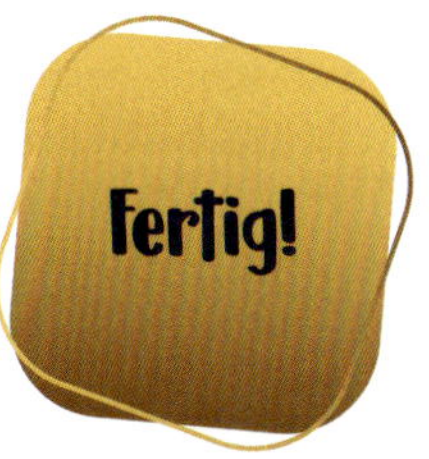

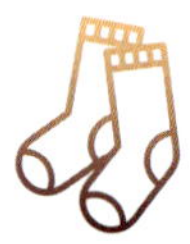

MODELL 11

# Socken mit Zopfmuster

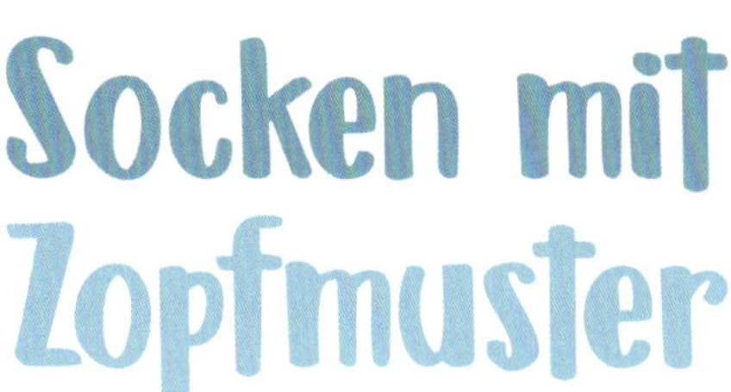

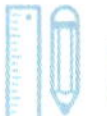

## Größen

36/37 – 38/39 – 40/41

## Material

- Garn: SUPER SOXX 6-fach von Lang Yarns (75 % Wolle, 25 % Polyamid)
  1 – 2 – 2 Knäuel (à 150 g) in der Farbe Türkis 907.0079
- Rundstricknadeln Nr. 3 und Nr. 3,5
- Nadelspiel Nr. 3,5
- Maschenmarkierer

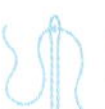

## Muster und Maschen

**1/1-Rippenmuster:** Die Maschenzahl ist teilbar durch 2.
1. Reihe: *1 M rechts, 1 M links*, von *bis* stets wiederholen. In den folgenden Reihen die rechten M rechts, die linken M links stricken.

**Glatt rechts:** abwechselnd 1 Reihe rechte M und 1 Reihe linke M stricken. Diese beiden Reihen stets wiederholen.

**Kettenglieder-Zopf und Zickzack-Ajour-Muster:** nach der Strickschrift Nr. 1 arbeiten (s. S. 57).

**4 Maschen nach links verkreuzt (2 M links, 2 M rechts):** 2 M auf eine Zopfnadel vor die Arbeit legen, die folgenden 2 M links, dann die 2 M der Zopfnadel rechts stricken.

**4 Maschen nach rechts verkreuzt (2 M rechts, 2 M links):** 2 M auf eine Zopfnadel hinter die Arbeit legen, die folgenden 2 M rechts stricken, dann die 2 M der Zopfnadel links stricken.

**2/2-Zopfmuster:** nach der Strickschrift Nr. 2 arbeiten (s. S. 57).

**4 Maschen nach links verkreuzt:** 2 M auf eine Zopfnadel vor die Arbeit legen, die folgenden 2 M rechts stricken, dann die 2 M der Zopfnadel rechts stricken.

**4 Maschen nach rechts verkreuzt:** 2 M auf eine Zopfnadel hinter die Arbeit legen, die folgenden 2 M rechts stricken, dann die 2 M der Zopfnadel rechts stricken.

**2 Maschen rechts überzogen zusammenstricken (2 M re überz zus):** 1 M abheben, die folgende M rechts stricken und die abgehobene M über die gestrickte M ziehen.

**3 M re zus durch zentrierte doppelte Abnahme:** 2 M zusammen wie zum Rechtsstricken abheben, 1 M rechts, die 2 abgehobenen Maschen darüberziehen.

## Maschenprobe

Diese ist notwendig, damit die Strickarbeit die richtige Größe erhält.
Glatt rechts mit Nadel Nr. 3,5:
26 M × 36 Reihen = 10 × 10 cm.

## Anleitung

Die Socke wird von oben gestrickt. Die Ferse ist eine nachträgliche Ferse.

### Schaft

Mit der Rundstricknadel Nr. 3 in Türkis 68 – 72 – 76 M anschlagen und in Runden 3 cm (11 Runden) im 1/1-Rippenmuster stricken. Zwischen der ersten und letzten M der Runde einen Maschenmarkierer setzen = Rückseite der Socke.

Mit der Rundstricknadel Nr. 3,5 im Kettenglieder-Zopfmuster und Zickzack-Ajour-Muster fortfahren, dabei mit 3 – 5 – 7 M rechts (½ Kettenglieder-Zopf) beginnen, *2 M links, 2 M rechts (Zickzack), 2 M links, 8 M rechts (Zopf)*, von *bis* stets wiederholen, enden mit 2 M links, 2 M rechts (Zickzack), 2 M links, 3 – 5 – 7 M rechts (½ Kettenglieder-Zopf).

Nach der Strickschrift Nr. 1 weiterarbeiten, dabei beiderseits des Maschenmarkierers je 1 M abnehmen (am Rundenanfang 2 M re zus, am Rundenende 2 M re überz zus) wie folgt:

7-mal in jeder 10. Runde = 54 – 58 – 62 M.

In 23 – 25 – 27 cm Gesamthöhe – möglichst am Ende eines Motivs – einen Maschenmarkierer für die nachträgliche Ferse setzen.

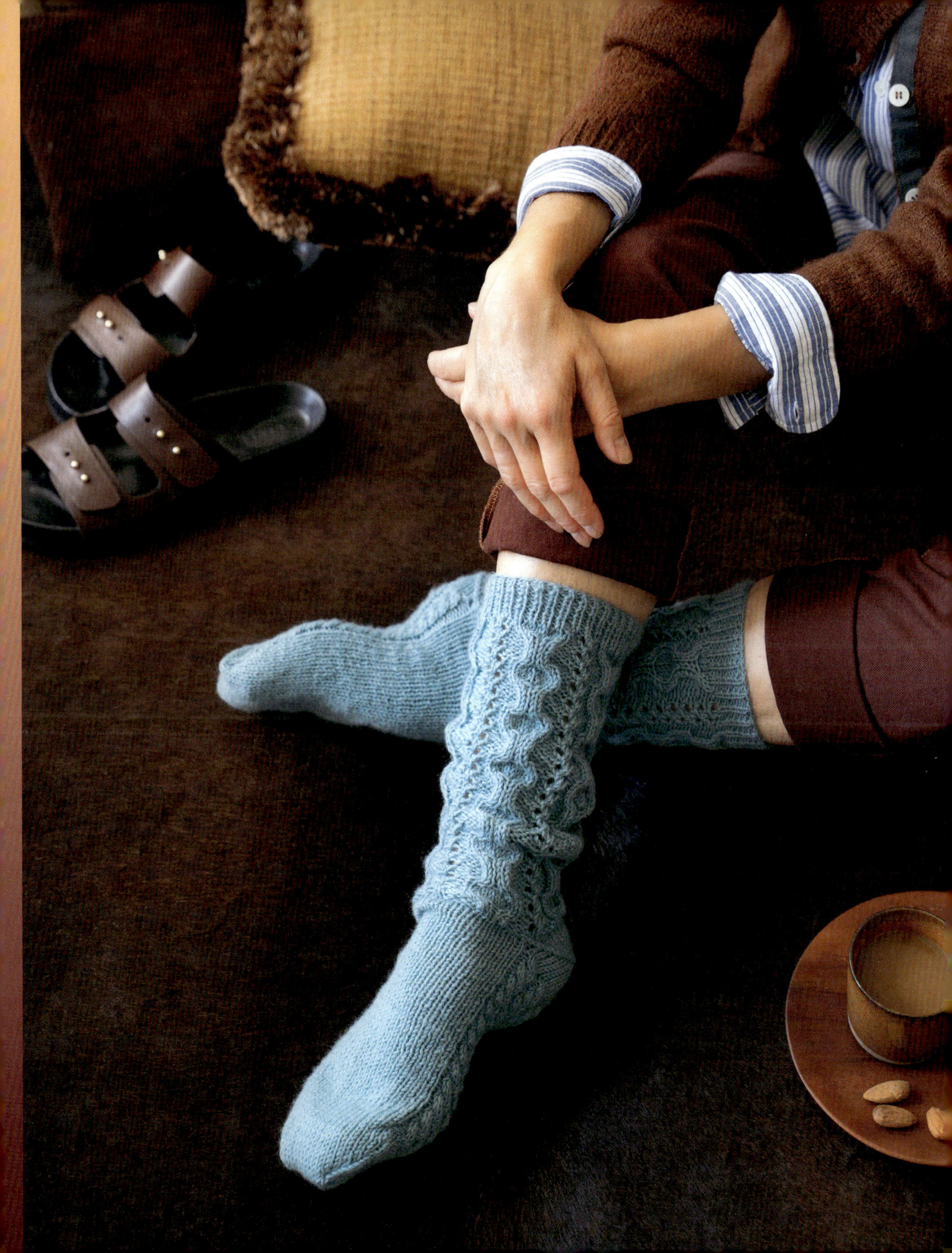

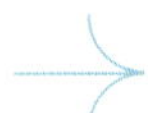

## Tipp – Nachträgliche Ferse

Zur Markierung der Ferse und zur besseren Orientierung beim späteren Durchschneiden des Garns in Höhe der Ferse kann man die 14 – 15 – 16 M rechts und links des Maschenmarkierers in einer Kontrastfarbe rechts stricken. Anschließend strickt man über alle Maschen mit der angegebenen Farbe weiter bis zum Ende der Socke.

Für die Ferse wird dann später einfach der Kontrastfaden durchgeschnitten und entfernt. Dann nimmt man die offenen Maschen auf eine Rundstricknadel auf.

### Fuß

2 Runden rechts stricken, dabei in jeder Runde beiderseits des Maschenmarkierers je 1 M abnehmen = 50 – 54 – 58 M. Dann glatt rechts und im 2/2-Zopfmuster fortfahren wie folgt: 0 – 1 – 2 M links, *4 M rechts (Zopf), 1 M links*, von *bis* noch 2-mal wiederholen, 20 – 22 – 24 M rechts, *4 M rechts (Zopf), 1 M links*, von *bis* noch 2-mal wiederholen, enden mit 0 – 1 – 2 M links. Über 14 – 15 – 16 cm so fortfahren, dabei die Zöpfe nach der Strickschrift Nr. 2 arbeiten.

### Spitze

4 Runden rechts stricken, dabei in der 1. Runde zwischen 2 Zöpfen 4-mal 1 M abnehmen (nach dem 1., 2., 4. und 5. Zopf jeweils 2 M re zus) = 46 – 50 – 54 M. Dann die Abnahmen für die Spitze arbeiten wie folgt:

5. Runde: 10 – 11 – 12 M rechts, 3 M re zus durch zentrierte doppelte Abnahme, 20 – 22 – 24 M rechts, 3 M re zus, 10 – 11 – 12 M rechts = 42 – 46 – 50 M.

3 Runden rechts stricken.

9. Runde: 9 – 10 – 11 M rechts, 3 M re zus durch zentrierte doppelte Abnahme, 18 – 20 – 22 M rechts, 3 M re zus, 9 – 10 – 11 M rechts = 38 – 42 – 46 M.

3 Runden rechts stricken.

13. Runde: 8 – 9 – 10 M rechts, 3 M re zus durch zentrierte doppelte Abnahme, 16 – 18 – 20 M rechts, 3 M re zus, 8 – 9 – 10 M rechts = 34 – 38 – 42 M.

1 Runde rechts stricken.

15. Runde: 7 – 8 – 9 M rechts, 3 M re zus durch zentrierte doppelte Abnahme, 14 – 16 – 18 M rechts, 3 M re zus, 7 – 8 – 9 M rechts = 30 – 34 – 38 M.

1 Runde rechts stricken.

17. Runde: 6 – 7 – 8 M rechts, 3 M re zus durch zentrierte doppelte Abnahme, 12 – 14 – 16 M rechts, 3 M re zus, 6 – 7 – 8 M rechts = 26 – 30 – 34 M.

1 Runde rechts stricken.

19. Runde: 5 – 6 – 7 M rechts, 3 M re zus durch zentrierte doppelte Abnahme, 10 – 12 – 14 M rechts, 3 M re zus, 5 – 6 – 7 M rechts = 22 – 26 – 30 M.

Alle M abketten, die Kanten aufeinanderlegen (M des Fußrückens auf M der Fußsohle) und mit einer Naht im Maschenstich verbinden, oder die offenen M auf 2 Nadelspielnadeln (für Fußrücken und Fußsohle) legen und im Maschenstich verbinden: Den Faden nicht zu fest anziehen.

### Ferse

In 23 – 25 – 27 cm Gesamthöhe des Schafts in Höhe des Maschenmarkierers das Garn durchschneiden und beiderseits des Maschenmarkierers je 14 – 15 – 16 M auf die Rundstricknadel Nr. 3,5 aufnehmen = 28 – 30 – 32 M. Dann die entsprechenden 28 – 30 – 32 M der Runde oberhalb des durchgeschnittenen Garns aufnehmen = 56 – 60 – 64 M. Mit diesen Maschen fortfahren und die Abnahmen für die Ferse arbeiten wie folgt:

1. Runde: 12 – 13 – 14 M rechts, 3 M re zus durch zentrierte doppelte Abnahme, 26 – 28 – 30 M rechts, 3 M re zus, 12 – 13 – 14 M rechts = 52 – 56 – 60 M.

1 Runde rechts stricken.

3. Runde: 11 – 12 – 13 M rechts, 3 M re zus durch zentrierte doppelte Abnahme, 24 – 26 – 28 M rechts, 3 M re zus, 11 – 12 – 13 M rechts = 48 – 52 – 56 M.

1 Runde rechts stricken.

5. Runde: 10 – 11 – 12 M rechts, 3 M re zus durch zentrierte doppelte Abnahme, 22 – 24 – 26 M rechts, 3 M re zus, 10 – 11 – 12 M rechts = 44 – 48 – 52 M.

1 Runde rechts stricken.

7. Runde: 9 – 10 – 11 M rechts, 3 M re zus durch zentrierte doppelte Abnahme, 20 – 22 – 24 M rechts, 3 M re zus, 9 – 10 – 11 M rechts = 40 – 44 – 48 M.

1 Runde rechts stricken.

9. Runde: 8 – 9 – 10 M rechts, 3 M re zus durch zentrierte doppelte Abnahme, 18 – 20 – 22 M rechts, 3 M re zus, 8 – 9 – 10 M rechts = 36 – 40 – 44 M.

1 Runde rechts stricken.

11. Runde: 7 – 8 – 9 M rechts, 3 M re zus durch zentrierte doppelte Abnahme, 16 – 18 – 20 M rechts, 3 M re zus, 7 – 8 – 9 M rechts = 32 – 36 – 40 M.

1 Runde rechts stricken.

13. Runde: 6 – 7 – 8 M rechts, 3 M re zus durch zentrierte doppelte Abnahme, 14 – 16 – 18 M rechts, 3 M re zus, 6 – 7 – 8 M rechts = 28 – 32 – 36 M.

1 Runde rechts stricken.

15. Runde: 5 – 6 – 7 M rechts, 3 M re zus durch zentrierte doppelte Abnahme, 12 – 14 – 16 M rechts, 3 M re zus, 5 – 6 – 7 M rechts = 24 – 28 – 32 M.

1 Runde rechts stricken.

Alle M abketten, die Kanten aufeinanderlegen und mit einer Naht im Maschenstich verbinden, oder die offenen M auf 2 Nadelspielnadeln legen und im Maschenstich verbinden: In beiden Fällen den Faden nicht zu fest anziehen.

Die zweite Socke genauso stricken.

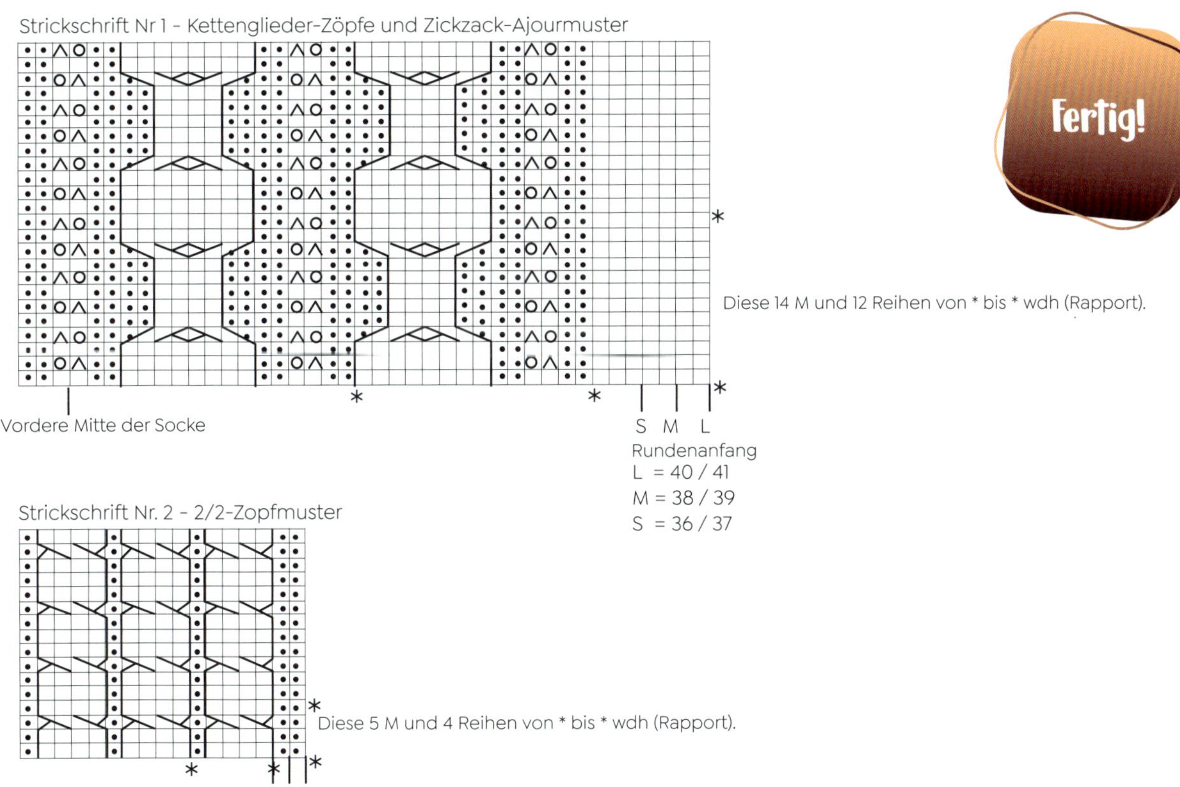


Fertig!

- rechte M
- linke M
- 1 Umschlag
- 2 M rechts zusammenstricken
- 4 M nach rechts verkreuzt (2 M re, 2 M li)
- 4 M nach links verkreuzt (2 M li, 2 M re)
- 4 M nach links verkreuzt

## Und zum Schluss ...

**die Fäden vernähen. Falls notwendig die kleinen Löcher an der Ferse schließen.**

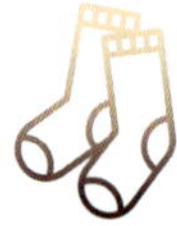

MODELL 12

# Lange Beinstulpen

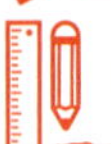

## Einheitsgröße

## Material

- Garn: SUPER SOXX 6-fach von Lang Yarns (75 % Wolle, 25 % Polyamid)
  2 Knäuel (à 150 g) in der Farbe Vino 907.0061
- Stricknadeln Nr. 3 und Nr. 3,5
- Zopfnadel

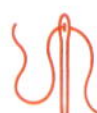

## Muster und Maschen

**2/2-Rippenmuster:** Die Maschenzahl ist teilbar durch 4.
1. Reihe: *2 M rechts, 2 M links*, von *bis* stets wiederholen. In den folgenden Reihen die rechten M rechts, die linken M links stricken.

**3/2-Rippenmuster:** Die Maschenzahl ist teilbar durch 5.
1. Reihe: *3 M rechts, 2 M links*, von *bis* stets wiederholen. In den folgenden Reihen die rechten M rechts, die linken M links stricken.

**Zickzack- und Zopfmuster:** nach der Strickschrift arbeiten (s. S. 60).

**3 Maschen nach rechts verkreuzt mit linker M:** 1 M auf eine Zopfnadel hinter die Arbeit legen, die folgenden 2 M rechts stricken, dann die 1 M der Zopfnadel links stricken.

**3 Maschen nach links verkreuzt mit linker M:** 2 M auf eine Zopfnadel vor die Arbeit legen, die folgenden M links stricken, dann die 2 M der Zopfnadel rechts stricken.

**4 Maschen nach rechts verkreuzt:** 2 M auf eine Zopfnadel hinter die Arbeit legen, die folgenden 2 M rechts stricken, dann die 2 M der Zopfnadel rechts stricken.

**4 Maschen nach links verkreuzt:** 2 M auf eine Zopfnadel vor die Arbeit legen, die folgenden 2 M rechts stricken, dann die 2 M der Zopfnadel rechts stricken.

## Maschenprobe

Diese ist notwendig, damit die Strickarbeit die richtige Größe erhält.
3/2-Rippen mit Nadel Nr. 3,5:
28 M × 34 Reihen = 10 × 10 cm.

## Anleitung

Die Stulpen werden von unten in Reihen gestrickt.

Mit den Nadeln Nr. 3 in der Farbe Vino 90 M anschlagen und 4 cm (16 Reihen) im 2/2-Rippenmuster stricken, dabei mit 2 M links beginnen und enden.

Zu den Nadeln Nr. 3,5 wechseln. Im 3/2-Rippenmuster und im Zickzack- und Zopfmuster fortfahren wie folgt: *2 M links, 3 M rechts*, von *bis* noch 5-mal wiederholen = 30 M, dann 30 M im Zickzack- und Zopfmuster (nach der Strickschrift), dann *3 M rechts, 2 M links*, von *bis* noch 5-mal wiederholen = 30 M.

In 32 cm Gesamthöhe am Ende eines Motivs zu den Nadeln Nr. 3 wechseln. 8 cm im 2/2-Rippenmuster stricken, dann wieder mit den Nadeln Nr. 3,5 8 cm im 2/2-Rippenmuster stricken (62 Reihen).

In 48 cm Gesamthöhe die Maschen im 2/2-Rippenmuster abketten.

Die zweite Stulpe genauso stricken.

## Und zum Schluss ...

**die Stulpen an der Rückseite zusammennähen, dabei die Naht am Umschlag auf 8 cm Länge von der anderen Seite arbeiten.**

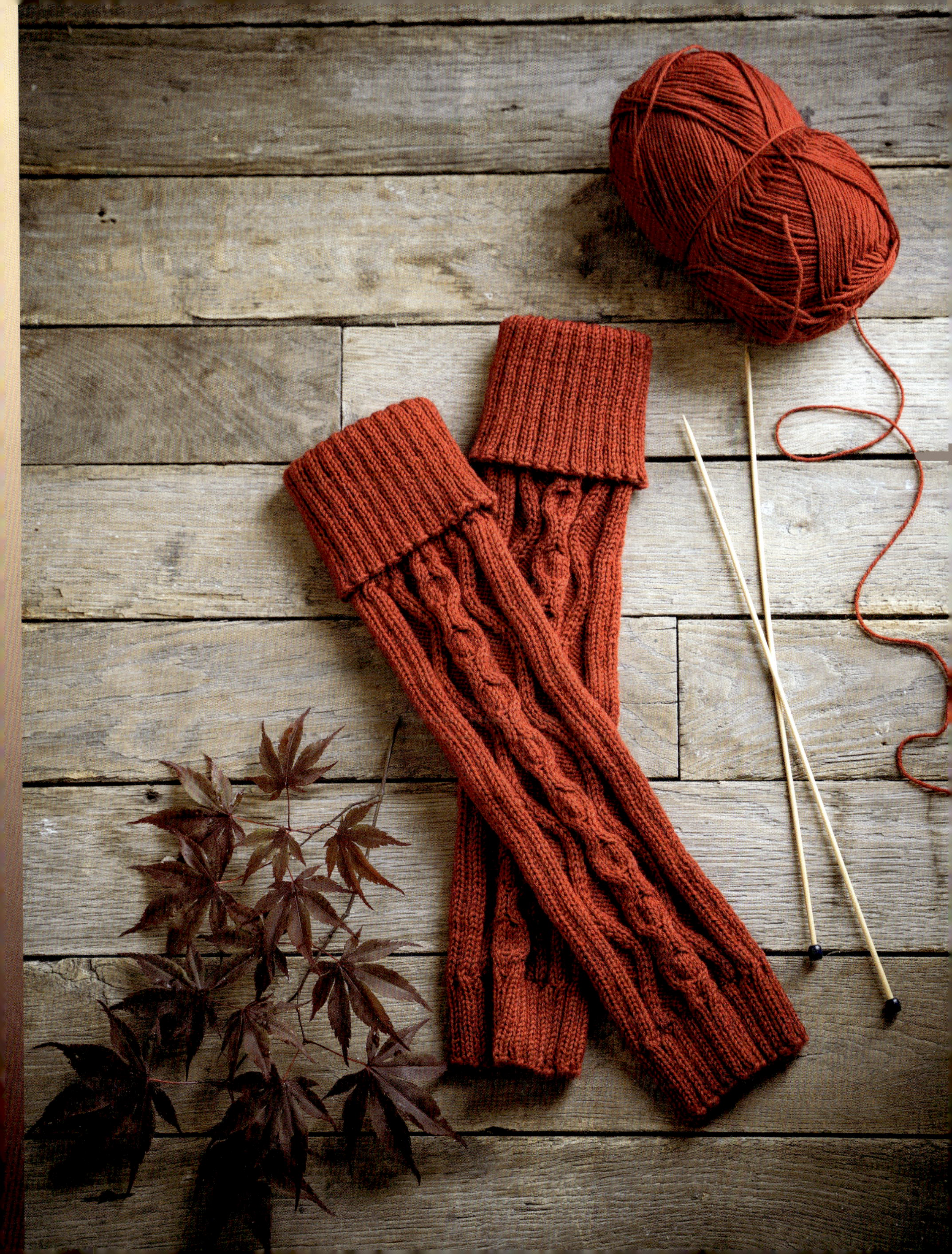

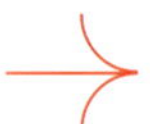

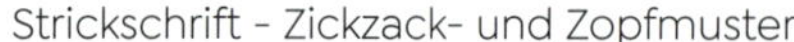

Strickschrift - Zickzack- und Zopfmuster

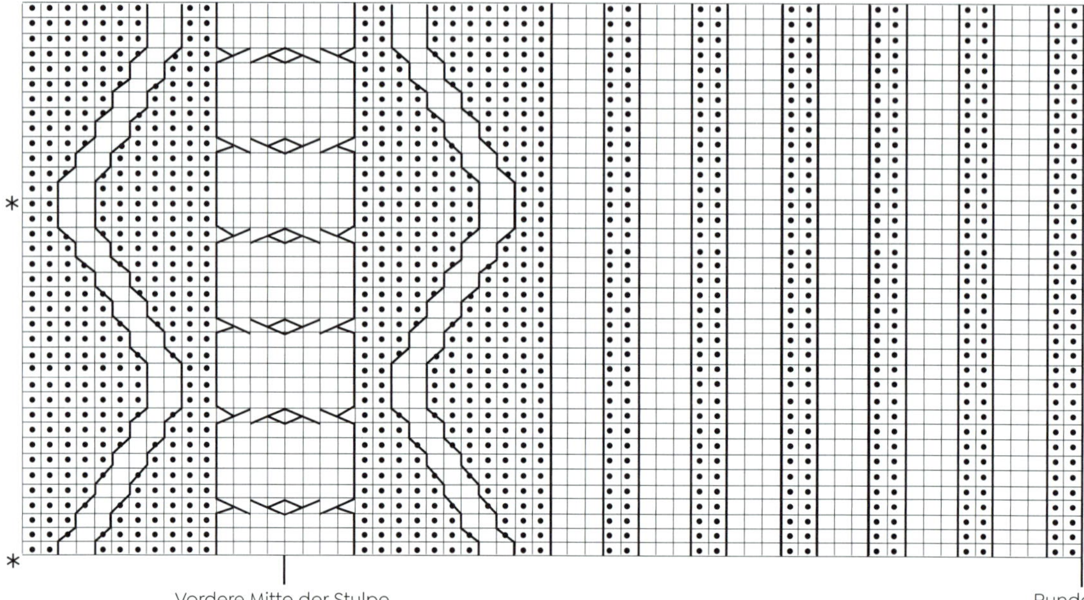


Diese 24 Reihen von * bis * wdh (Rapport).

- rechte M
- linke M
- 3 M nach rechts verkreuzt (2 M re, 1 M li)
- 3 M nach links verkreuzt (1 M li, 2 M re)
- 4 M nach rechts verkreuzt
- 4 M nach links verkreuzt

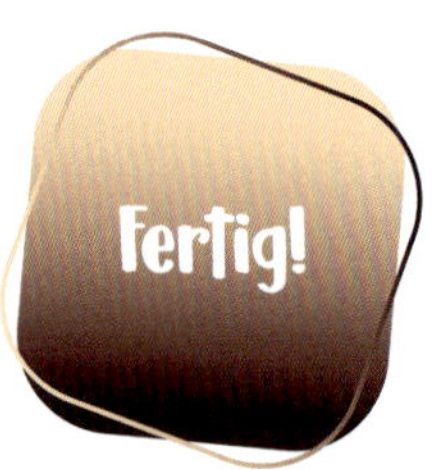

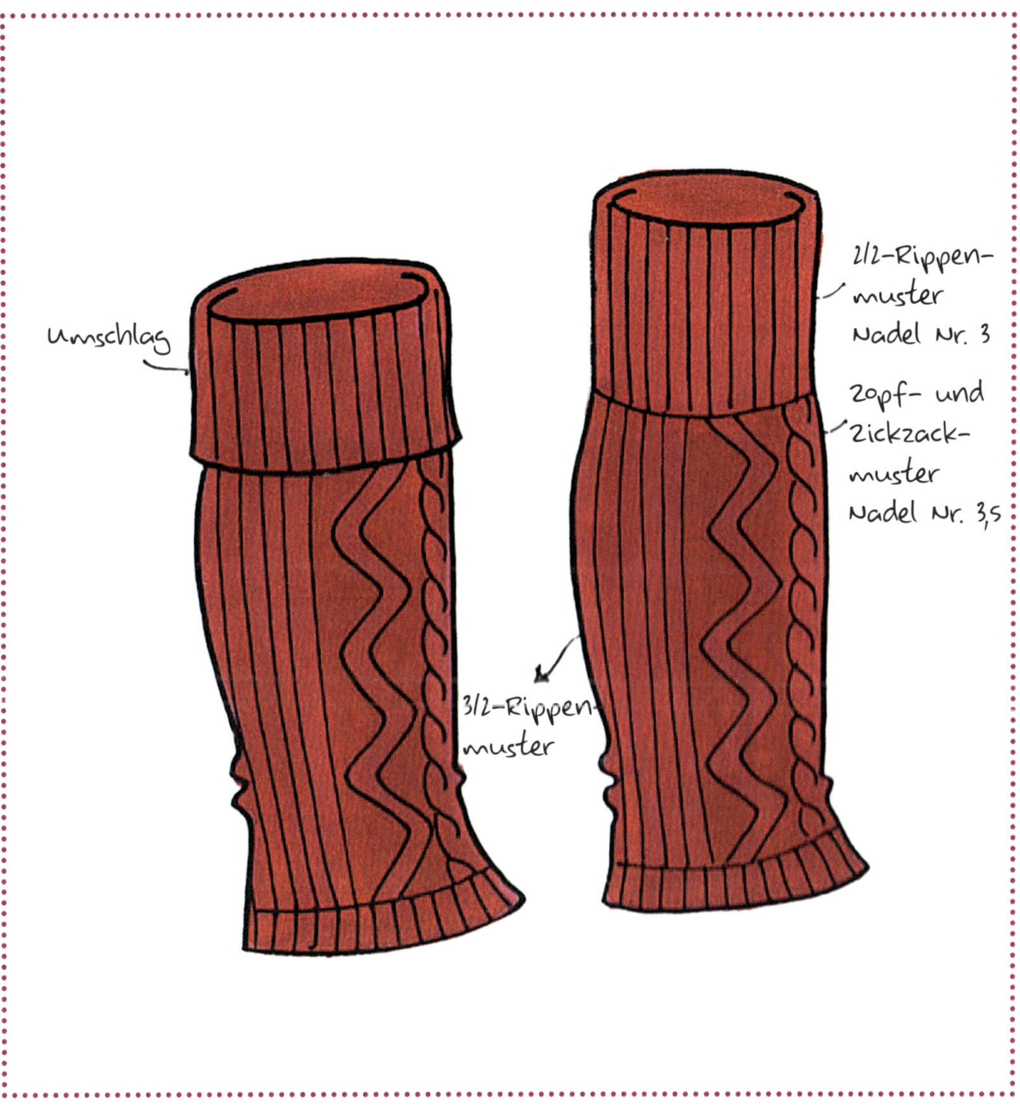
Umschlag
2/2-Rippen-
muster
Nadel Nr. 3
Zopf- und
Zickzack-
muster
Nadel Nr. 3,5
3/2-Rippen-
muster

MODELL 13

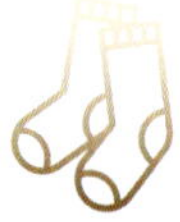

# Bunte Kniestrümpfe mit Ajour-Muster

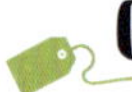

## Größen

36/37 – 38/39 – 40/41

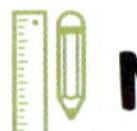

## Material

- Garn: SUPER SOXX COLOR 4-fach von Lang Yarns (75 % Wolle, 25 % Polyamid) 1 – 2 – 2 Knäuel (à 100 g) in der Farbe Dublin 901.0342
- Rundstricknadeln Nr. 3
- Nadelspiel Nr. 3
- Maschenmarkierer

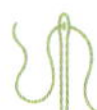

## Muster und Maschen

**1/1-Rippenmuster:** Die Maschenzahl ist teilbar durch 2.
1. Reihe: *1 M rechts, 1 M links*, von *bis* stets wiederholen. In den folgenden Reihen die rechten M rechts, die linken M links stricken.

**Glatt rechts:** abwechselnd 1 Reihe rechte M und 1 Reihe linke M stricken. Diese beiden Reihen stets wiederholen.

**Diagonales Ajour-Muster:** Die Maschenzahl ist teilbar durch 18, es bleibt ein Rest von 2 M.
1. Reihe (Rückreihe) und alle weiteren ungeraden Reihen: *2 M rechts, 7 M links, 2 M rechts, 7 M links*, von *bis* stets wiederholen, mit 2 M rechts enden.
2. Reihe: *2 M links, 1 M rechts, 1 Umschlag, 2 M re überz zus, 4 M rechts, 2 M links, 4 M rechts, 2 M re zus, 1 Umschlag, 1 M rechts*, von *bis* stets wiederholen, mit 2 M links enden.
4. Reihe: *2 M links, 2 M rechts, 1 Umschlag, 2 M re überz zus, 3 M rechts, 2 M links, 3 M rechts, 2 M re zus, 1 Umschlag, 2 M rechts*, von *bis* stets wiederholen, mit 2 M links enden.
6. Reihe: *2 M links, 3 M rechts, 1 Umschlag, 2 M re überz zus, 2 M rechts, 2 M links, 2 M rechts, 2 M re zus, 1 Umschlag, 3 M rechts*, von *bis* stets wiederholen, mit 2 M links enden.
8. Reihe: *2 M links, 4 M rechts, 1 Umschlag, 2 M re überz zus, 1 M rechts, 2 M links, 4 M rechts, 2 M re zus, 1 Umschlag, 1 M rechts*, von *bis* stets wiederholen, mit 2 M links enden.
10. Reihe: *2 M links, 5 M rechts, 1 Umschlag, 2 M re überz zus, 2 M links, 2 M re zus, 1 Umschlag, 5 M rechts*, von *bis* stets wiederholen, mit 2 M links enden.

Diese 10 Reihen stets wiederholen.

**2 Maschen rechts überzogen zusammenstricken (2 M re überz zus):** 1 M abheben, die folgende M rechts stricken und die abgehobene M über die gestrickte M ziehen.

**2 Maschen rechts zusammenstricken (2 M re zus):** in 2 M zusammen wie zum Rechtsstricken einstechen und sie rechts zusammenstricken.

**3 Maschen rechts zusammenstricken (3 M re zus):** in 3 M zusammen wie zum Rechtsstricken einstechen und sie rechts zusammenstricken.

## Maschenprobe

Diese ist notwendig, damit die Strickarbeit die richtige Größe erhält.
Glatt rechts mit Nadel Nr. 3:
27 M × 39 Reihen = 10 × 10 cm.

## Anleitung

Die Socke wird von oben gestrickt. Die Ferse ist eine Bumerangferse mit Wickelmaschen.

### Schaft

Mit der Rundstricknadel Nr. 3 in der Farbe Dublin 72 – 76 – 80 M anschlagen und in Runden 4 cm (16 Runden) im 1/1-Rippenmuster stricken. Zwischen der ersten und letzten M der Runde einen Maschenmarkierer setzen = Rückseite der Socke.

Weiter nach der Strickschrift Nr. 1 (s. S. 65) im diagonalen Ajour-Muster stricken, dabei in der 1. Runde 1 M zunehmen = 73 – 77 – 81 M. Danach beiderseits des Maschenmarkierers je 1 M abnehmen (am Rundenanfang 2 M re zus, am Rundenende 2 M re überz zus) wie folgt: 10-mal in jeder 12. Runde = 53 – 57 – 61 M.

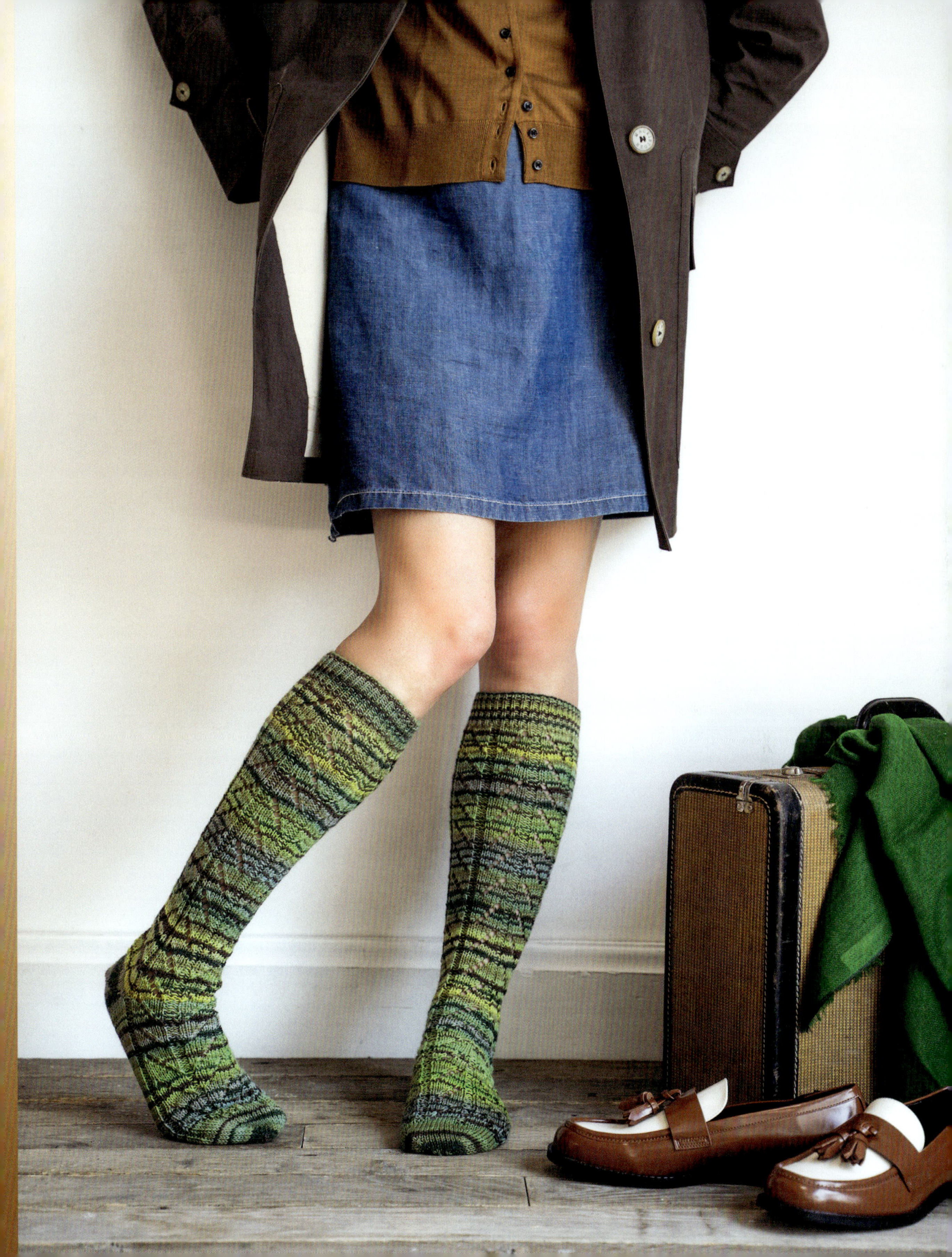

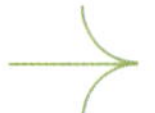

### Ferse

In 33 – 35 – 37 cm Gesamthöhe die mittleren 27 – 29 – 31 M (Fußrücken) ruhen lassen und die Bumerangferse in Reihen arbeiten (siehe Seite 9): Mit dem Nadelspiel Nr. 3 die 26 – 28 – 30 Fersenmaschen stricken bis 1 M vor Ende, die Arbeit wenden (mit Wickelmasche). So fortfahren, bis noch 12 – 14 – 16 mittlere M verbleiben. In den folgenden Reihen die Wickelmaschen wieder mit aufnehmen, bis wieder 26 – 28 – 30 M erreicht sind.

### Fuß

Wieder alle 53 – 57 – 61 M auf die Rundstricknadel Nr. 3 aufnehmen. Glatt rechts und im diagonalen Ajour-Muster fortfahren wie folgt: 12 – 14 – 16 M glatt rechts, 29 – 29 – 29 M im Ajour-Muster, 12 – 14 – 16 M glatt rechts.

Über 14 – 15 – 16 cm so fortfahren, dabei die 29 mittleren Maschen (Fußrücken) stets nach der Strickschrift Nr. 2 arbeiten.

### Spitze

4 Runden rechts stricken, dann die Abnahmen für die Spitze arbeiten wie folgt:

5. Runde: 6 – 6 – 7 M rechts, 3 M re zus, 10 – 11 – 12 M rechts, 3 M re zus, 10 – 11 – 12 M rechts, 3 M re zus, 10 – 11 – 12 M rechts, 3 M re zus, 5 – 6 – 6 M rechts = 45 – 49 – 53 M.

3 Runden rechts stricken.

9. Runde: 5 – 5 – 6 M rechts, 3 M re zus, 8 – 9 – 10 M rechts, 3 M re zus, 8 – 9 – 10 M rechts, 3 M re zus, 8 – 9 – 10 M rechts, 3 M re zus, 4 – 5 – 5 M rechts = 37 – 41 – 45 M.

1 Runde rechts stricken.

11. Runde: 4 – 4 – 5 M rechts, 3 M re zus, 6 – 7 – 8 M rechts, 3 M re zus, 6 – 7 – 8 M rechts, 3 M re zus, 6 – 7 – 8 M rechts, 3 M re zus, 3 – 4 – 4 M rechts = 29 – 33 – 37 M.

1 Runde rechts stricken.

13. Runde: 3 – 3 – 4 M rechts, 3 M re zus, 4 – 5 – 6 M rechts, 3 M re zus, 4 – 5 – 6 M rechts, 3 M re zus, 4 – 5 – 6 M rechts, 3 M re zus, 2 – 3 – 3 M rechts = 21 – 25 – 29 M.

1 Runde rechts stricken.

15. Runde: 2 – 2 – 3 M rechts, 3 M re zus, 2 – 3 – 4 M rechts, 3 M re zus, 2 – 3 – 4 M rechts, 3 M re zus, 2 – 3 – 4 M rechts, 3 M re zus, 1 – 2 – 2 M rechts = 13 – 17 – 21 M.

1 Runde rechts stricken.

17. Runde: 1 – 1 – 2 M rechts, 3 M re zus, 0 – 1 – 2 M rechts, 3 M re zus, 0 – 1 – 2 M rechts, 3 M re zus, 0 – 1 – 2 M rechts, 3 M re zus, 0 – 1 – 1 M rechts = 5 – 9 -13 M.

1 Runde rechts stricken.

Garn abschneiden, den Faden durch die Maschen fädeln und fest anziehen.

Die zweite Socke genauso stricken.

## Und zum Schluss ...

**die Fäden vernähen. Falls notwendig die kleinen Löcher an der Ferse schließen.**

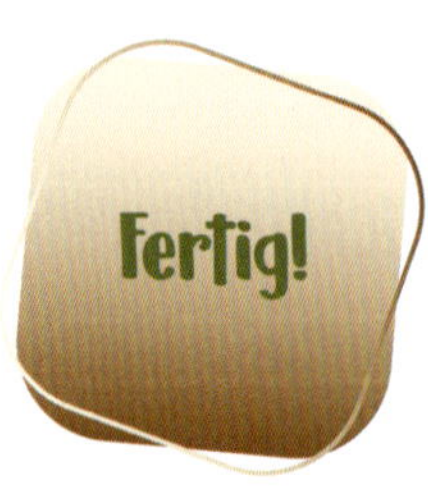

Strickschrift Nr. 1 - Diagonales Ajourmuster

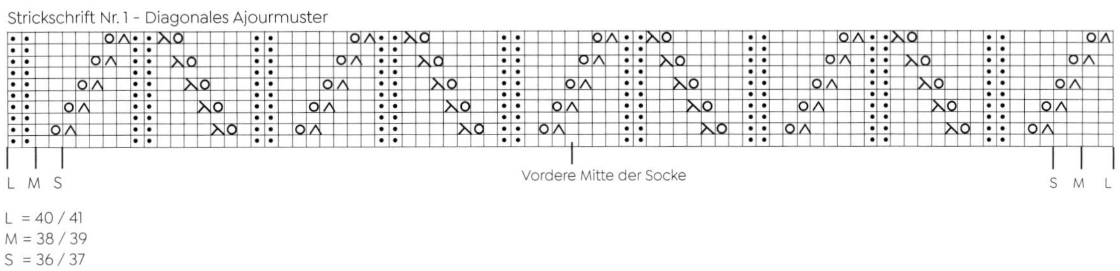


L = 40 / 41
M = 38 / 39
S = 36 / 37

Strickschrift Nr. 2 - Fuß

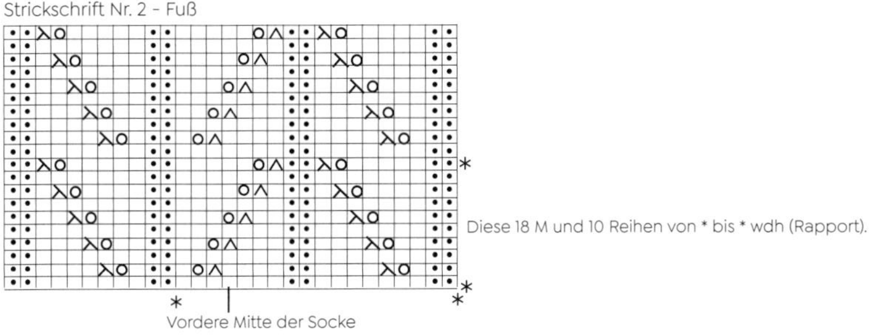


- ☐ rechte M
- ⊡ linke M
- ☐ 1 Umschlag
- ⧅ 2 M rechts überzogen zusammenstricken
- ⧍ 2 M rechts zusammenstricken

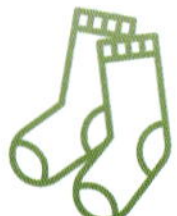

MODELL 14

# Zweifarbige Socken mit Umschlag

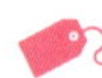

## Größen

36/37 – 38/39 – 40/41

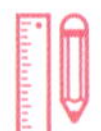

## Material

- Garn: ALPAKA SUPERLIGHT von Lang Yarns (54 % Alpaka, 24 % Polyamid, 22 % Wolle [Merino Fine])
  2 – 2 – 2 Knäuel (à 25 g) in der Farbe Fuchsia 749.0066
  1 – 1 – 2 Knäuel (à 25 g) in der Farbe Pink 749.0065
- Rundstricknadeln Nr. 2,5 und Nr. 3
- Nadelspiel Nr. 3
- Maschenmarkierer

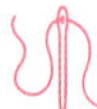

## Muster und Maschen

**3/3-Rippenmuster:** Die Maschenzahl ist teilbar durch 6.
1. Reihe: *3 M rechts, 3 M links*, von *bis* stets wiederholen.
In den folgenden Reihen die rechten M rechts, die linken M links stricken.

**Glatt rechts:** abwechselnd 1 Reihe rechte M und 1 Reihe linke M stricken. Diese beiden Reihen stets wiederholen.

**2 Maschen rechts überzogen zusammenstricken (2 M re überz zus):** 1 M abheben, die folgende M rechts stricken und die abgehobene M über die gestrickte M ziehen.

**3 Maschen rechts überzogen zusammenstricken (3 M re überz zus):** 1 M abheben, die folgenden 2 M rechts zusammenstricken und die abgehobene M über die gestrickte M ziehen.

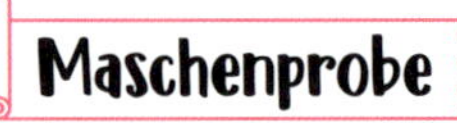

## Maschenprobe

Diese ist notwendig, damit die Strickarbeit die richtige Größe erhält.
Glatt rechts mit Nadel Nr. 3: 24 M × 35 Reihen = 10 × 10 cm.

## Anleitung

Die Socke wird von oben gestrickt. Die nachträgliche Ferse wird zum Schluss gearbeitet.

### Schaft

Mit der Rundstricknadel Nr. 2,5 in der Farbe Fuchsia 54 – 60 – 66 M anschlagen und in Runden 12 cm (52 Runden) im 3/3-Rippenmuster stricken. Zwischen der ersten und letzten M der Runde einen Maschenmarkierer setzen = Rückseite der Socke.

Mit der Rundstricknadel. Nr. 3 glatt rechts fortfahren, dabei beiderseits des Maschenmarkierers je 1 M abnehmen (am Rundenanfang 2 M re zus, am Rundenende 2 M re überz zus) wie folgt:

5-, 6-, 7-mal in jeder 4. Runde = 44 – 48 – 52 M.

In 19 – 21 – 23 cm Gesamthöhe einen Maschenmarkierer für die nachträgliche Ferse setzen.

### Tipp – Nachträgliche Ferse

Zur Markierung der Ferse und zur besseren Orientierung beim späteren Durchschneiden des Garns in Höhe der Ferse kann man die 12 – 13 – 14 M rechts und links des Maschenmarkierers in einer Kontrastfarbe rechts stricken. Anschließend strickt man über alle Maschen mit der angegebenen Farbe weiter bis zum Ende der Socke.

Für die Ferse wird dann später einfach der Kontrastfaden durchgeschnitten und entfernt. Dann nimmt man die offenen Maschen auf eine Rundstricknadel auf.

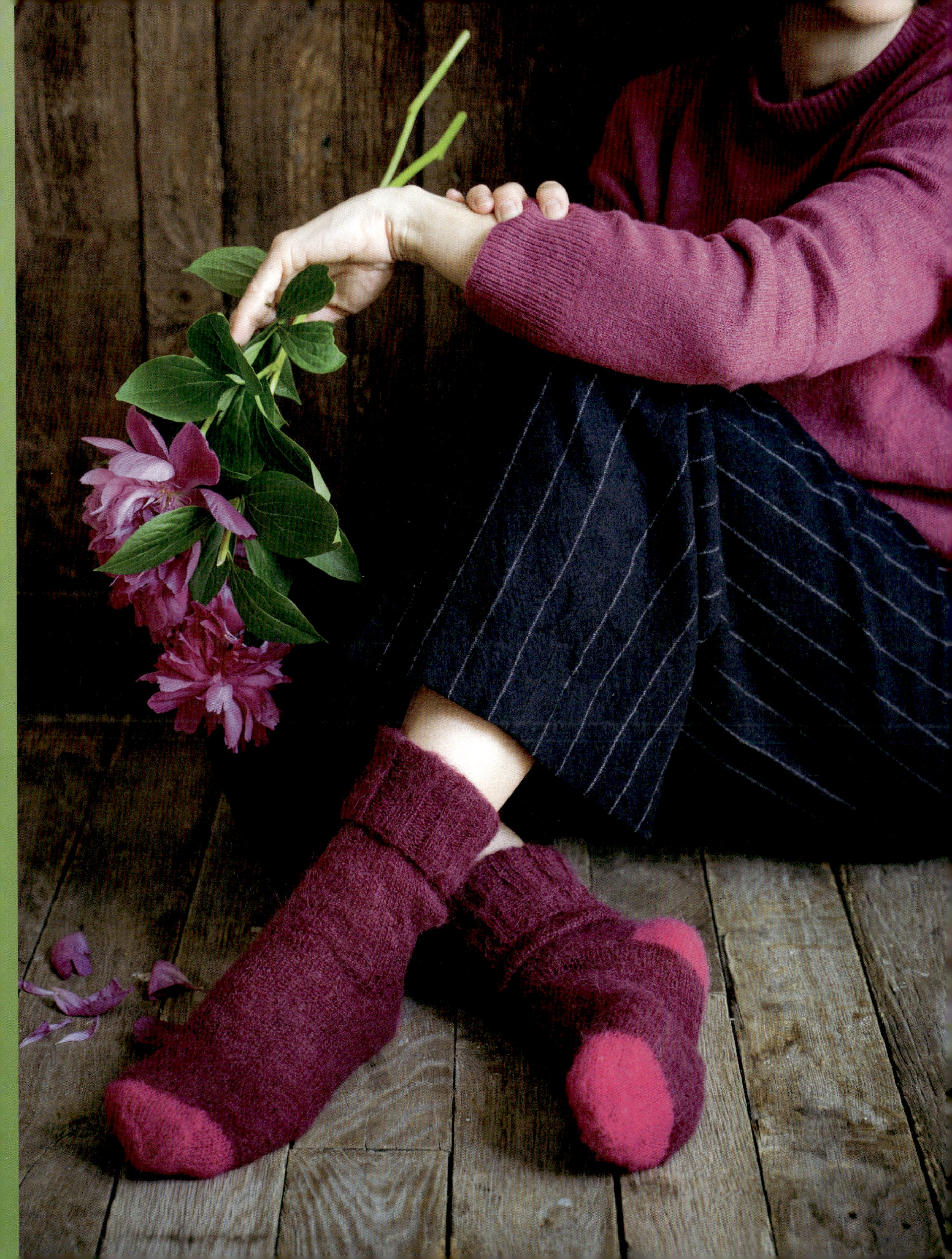

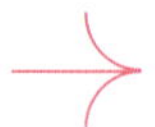

### Fuß

Noch 14 – 15 – 16 cm glatt rechts stricken.

### Spitze

In der Farbe Pink 4 Runden rechts stricken, dann die Abnahmen für die Spitze arbeiten wie folgt:

5. Runde: 1 M rechts, 3 M re überz zus, 8 – 9 – 10 M rechts, 3 M re überz zus, 8 – 9 – 10 M rechts, 3 M re überz zus, 8 – 9 – 10 M rechts, 3 M re überz zus, 7 – 8 – 9 M rechts = 36 – 40 – 44 M.

3 Runden rechts stricken.

9. Runde: 1 M rechts, 3 M re überz zus, 6 – 7 – 8 M rechts, 3 M re überz zus, 6 – 7 – 8 M rechts, 3 M re überz zus, 6 – 7 – 8 M rechts, 3 M re überz zus, 5 – 6 – 7 M rechts = 28 – 32 – 36 M.

1 Runde rechts stricken.

11. Runde: 1 M rechts, 3 M re überz zus, 4 – 5 – 6 M rechts, 3 M re überz zus, 4 – 5 – 6 M rechts, 3 M re überz zus, 4 – 5 – 6 M rechts, 3 M re überz zus, 3 – 4 – 5 M rechts = 20 – 24 – 28 M.

1 Runde rechts stricken.

13. Runde: 1 M rechts, 3 M re überz zus, 2 – 3 – 4 M rechts, 3 M re überz zus, 2 – 3 – 4 M rechts, 3 M re überz zus, 2 – 3 – 4 M rechts, 3 M re überz zus, 1 – 2 – 3 M rechts = 12 – 16 – 20 M.

1 Runde rechts stricken.

15. Runde: 0 – 0 – 1 M rechts, 3 M re überz zus, 0 – 1 – 2 M rechts, 3 M re überz zus, 0 – 1 – 2 M rechts, 3 M re überz zus, 0 – 1 – 2 M rechts, 3 M re überz zus, 0 – 0 – 1 M rechts = 4 – 8 – 12 M.

Garn abschneiden, den Faden durch die Maschen fädeln und fest anziehen.

### Ferse

In 19 – 21 – 23 cm Gesamthöhe in Höhe des Maschenmarkierers das Garn durchschneiden und beiderseits des Maschenmarkierers je 12 – 13 – 14 M auf die Rundstricknadel Nr. 3 aufnehmen. Dann die entsprechenden 24 – 26 – 28 M der Runde oberhalb des durchgeschnittenen Garns aufnehmen = 48 – 52 – 56 M. Mit diesen Maschen fortfahren und in Pink 4 Runden glatt rechts stricken, dann mit den Abnahmen beginnen:

5. Runde: 8 – 9 – 10 M rechts, 3 M re überz zus, 9 – 10 – 11 M rechts, 3 M re überz zus, 9 – 10 – 11 M rechts, 3 M re überz zus, 9 – 10 – 11 M rechts, 3 M re überz zus, 1 M rechts = 40 – 44 – 48 M.

3 Runden rechts stricken.

9. Runde: 6 – 7 – 8 M rechts, 3 M re überz zus, 7 – 8 – 9 M rechts, 3 M re überz zus, 7 – 8 – 9 M rechts, 3 M re überz zus, 7 – 8 – 9 M rechts, 3 M re überz zus, 1 M rechts = 32 – 36 – 40 M.

1 Runde rechts stricken.

11. Runde: 4 – 5 – 6 M rechts, 3 M re überz zus, 5 – 6 – 7 M rechts, 3 M re überz zus, 5 – 6 – 7 M rechts, 3 M re überz zus, 5 – 6 – 7 M rechts, 3 M re überz zus, 1 M rechts = 24 – 28 – 32 M.

1 Runde rechts stricken.

13. Runde: 2 – 3 – 4 M rechts, 3 M re überz zus, 3 – 4 – 5 M rechts, 3 M re überz zus, 3 – 4 – 5 M rechts, 3 M re überz zus, 3 – 4 – 5 M rechts, 3 M re überz zus, 1 M rechts = 16 – 20 – 24 M.

1 Runde rechts stricken.

15. Runde: 0 – 1 – 2 M rechts, 3 M re überz zus, 1 – 2 – 3 M rechts, 3 M re überz zus, 1 – 2 – 3 M rechts, 3 M re überz zus, 1 – 2 – 3 M rechts, 3 M re überz zus, 1 – 1 – 1 M rechts = 8 – 12 – 16 M.

1 Runde rechts stricken.

17. Runde: 1 – 0 – 0 M rechts, *2 M re überz zus*, von *bis* stets wiederholen, mit 1 – 0 – 0 M rechts enden = 5 – 6 – 8 M.

Garn abschneiden, den Faden durch die Maschen fädeln und fest anziehen.

Die zweite Socke genauso stricken.

### Und zum Schluss ...

**die Fäden vernähen. Falls notwendig die kleinen Löcher an der Ferse schließen.**

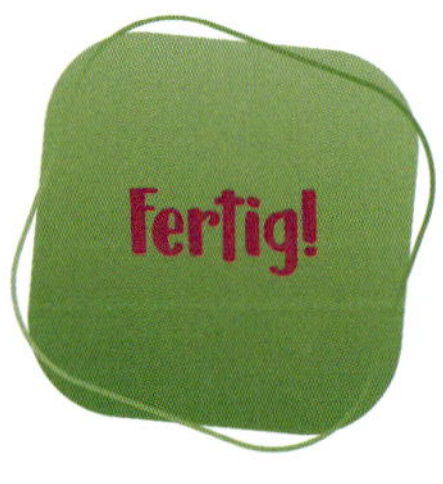

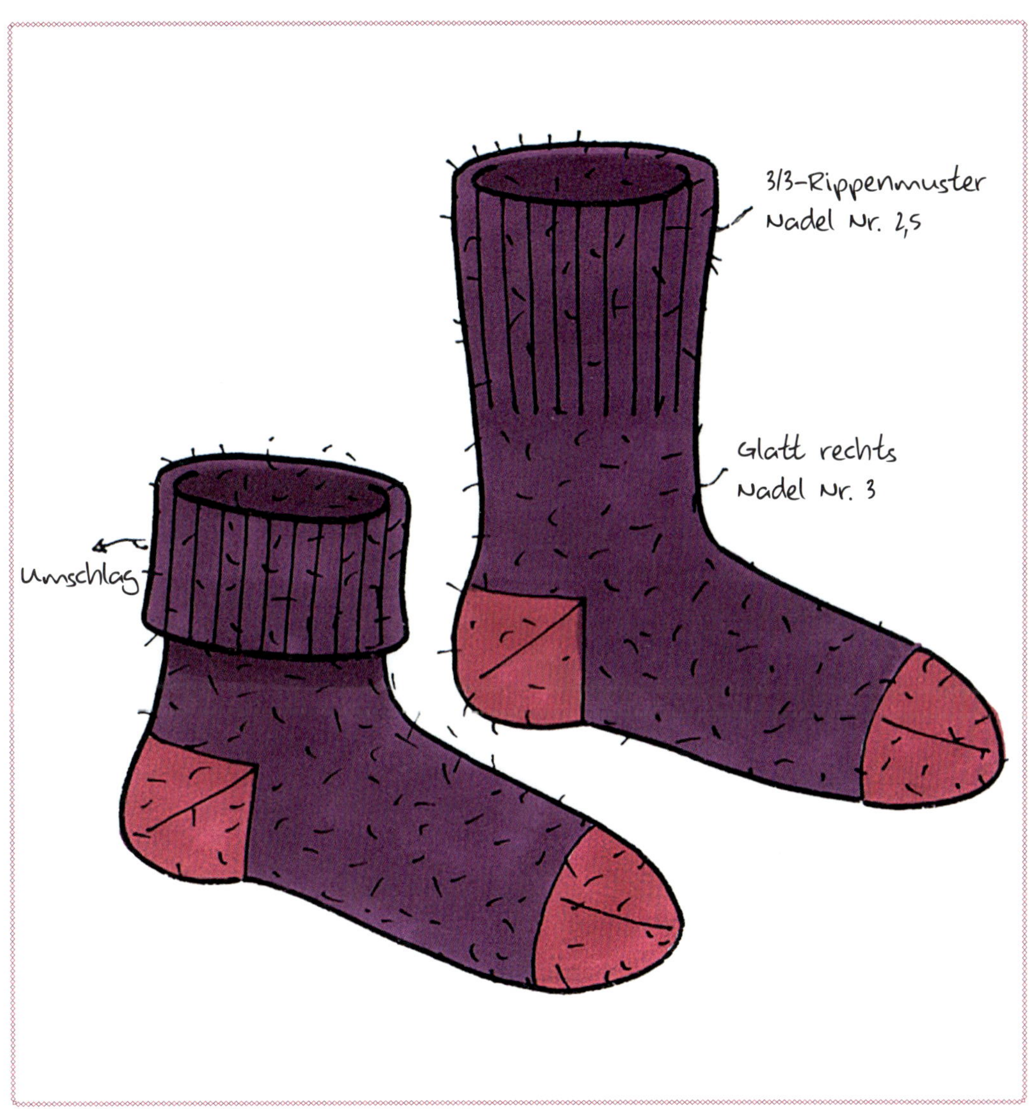
3/3-Rippenmuster
Nadel Nr. 2,5
Glatt rechts
Nadel Nr. 3
Umschlag

MODELL 15

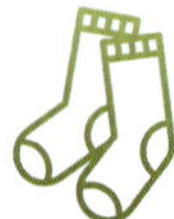

# Söckchen mit zartem Ajour-Muster

## Größen

36/37 – 38/39 – 40/41

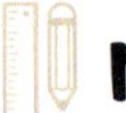

## Material

- Garn: BABY COTTON von Lang Yarns (100 % Baumwolle) 1 – 2 – 2 Knäuel (à 50 g) in der Farbe Weiß 112.0001
- Rundstricknadeln Nr. 2,5 und Nr. 3
- Nadelspiel Nr. 3
- Maschenmarkierer

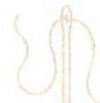

## Muster und Maschen

**Glatt rechts:** abwechselnd 1 Reihe rechte M und 1 Reihe linke M stricken. Diese beiden Reihen stets wiederholen.

**Ajour-Leitermuster:** Die Maschenzahl ist teilbar durch 2.
1. Reihe: *2 M re zus, 1 Umschlag*, von *bis* stets wiederholen.
2. und 4. Reihe: Alle M links stricken.
3. Reihe: *1 Umschlag, 2 M re überz zus*, von *bis* stets wiederholen.

Diese 4 Reihen stets wiederholen.

**Picot:** *1 M rechts, 2 M re zus, 1 M rechts, 1 Umschlag*, von *bis* stets wiederholen.

**2 Maschen rechts überzogen zusammenstricken (2 M re überz zus):** 1 M abheben, die folgende M rechts stricken und die abgehobene M über die gestrickte M ziehen.

**2 Maschen rechts zusammenstricken (2 M re zus):** in 2 M zusammen wie zum Rechtsstricken einstechen und sie rechts zusammenstricken.

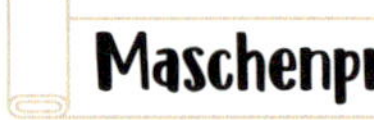

## Maschenprobe

Diese ist notwendig, damit die Strickarbeit die richtige Größe erhält.
Glatt rechts mit Nadel Nr. 3: 28 M × 35 Reihen = 10 × 10 cm.

## Anleitung

Die Socke wird von oben gestrickt. Die Ferse ist eine Bumerangferse mit Wickelmaschen.

### Schaft

Mit der Rundstricknadel Nr. 2,5 in Weiß 52 – 56 – 60 M anschlagen und in Runden 2 cm (7 Runden) im 1/1-Rippenmuster stricken. Zwischen der ersten und letzten M der Runde einen Maschenmarkierer setzen = Rückseite der Socke.

Die Picot-Runde wie folgt stricken: *2 M re zus, 1 M rechts, 1 Umschlag, 1 M rechts*, von *bis* stets wiederholen. Mit der Rundstricknadel Nr. 3 fortfahren und 7 Runden glatt rechts stricken, dann 1 Runde links stricken (Krausrippe). Mit der Nadel Nr. 3 noch 2 Runden glatt rechts stricken, dann glatt rechts und im Ajour-Leitermuster fortfahren wie folgt: 14 – 15 – 16 M rechts, 2 M Ajour, 6 M rechts, 2 M Ajour, 4 – 6 – 8 M rechts, 2 M Ajour, 6 M rechts, 2 M Ajour, 14 – 15 – 16 M rechts = 52 – 56 – 60 M.

Weiter 2,5 cm (8 Runden) nach der Strickschrift stricken (s. S. 73).

### Ferse

In 2,5 cm Höhe ab der Krausrippe die mittleren 24 – 26 – 28 M (Fußrücken) ruhen lassen und die Bumerangferse in Reihen arbeiten (siehe Seite 9): Mit dem Nadelspiel Nr. 3 die 28 – 30 – 32 Fersenmaschen stricken bis 1 M vor Ende, die Arbeit wenden (mit Wickelmasche). So fortfahren, bis noch 12 – 14 – 16 mittlere M verbleiben. In den folgenden Reihen die Wickelmaschen wieder mit aufnehmen, bis wieder 28 – 30 – 32 M erreicht sind.

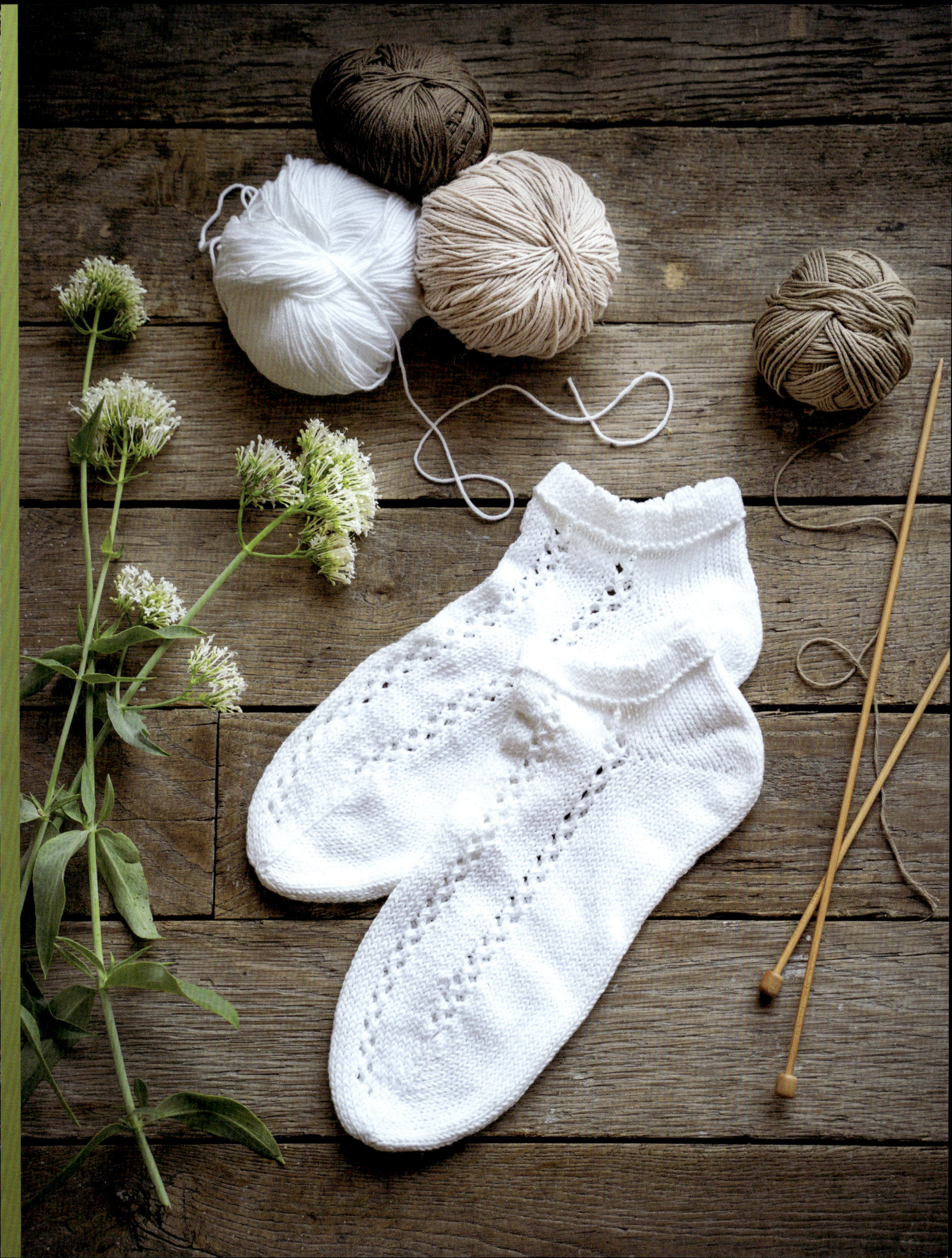

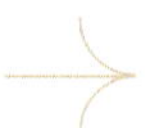

### Fuß

Wieder alle 52 – 56 – 60 M auf die Rundstricknadel Nr. 3 aufnehmen. In Runden glatt rechts und im Ajour-Leitermuster fortfahren wie folgt: 14 – 15 – 16 M rechts, 2 M Ajour, 6 M rechts, 2 M Ajour, 4 – 6 – 8 M rechts, 2 M Ajour, 6 M rechts, 2 M Ajour, 14 – 15 – 16 M rechts.

Weiter über 14 – 15 – 16 cm nach der Strickschrift stricken.

### Spitze

Glatt rechts und im Ajour-Leitermuster fortfahren, dabei die Abnahmen arbeiten wie folgt:

1. Runde: 12 – 13 – 14 M rechts, 2 M re zus, 2 M re überz zus, 6 M rechts, 2 M Ajour, 4 – 6 – 8 M rechts, 2 M Ajour, 6 M rechts, 2 M re zus, 2 M re überz zus, 12 – 13 – 14 M rechts = 48 – 52 – 56 M.

1 Runde rechts stricken.

3. Runde: 11 – 12 – 13 M rechts, 2 M re zus, 2 M re überz zus, 5 M rechts, 2 M Ajour, 4 – 6 – 8 M rechts, 2 M Ajour, 5 M rechts, 2 M re zus, 2 M re überz zus, 11 – 12 – 13 M rechts = 44 – 48 – 52 M.

1 Runde rechts stricken.

5. Runde: 10 – 11 – 12 M rechts, 2 M re zus, 2 M re überz zus, 4 M rechts, 2 M Ajour, 4 – 6 – 8 M rechts, 2 M Ajour, 4 M rechts, 2 M re zus, 2 M re überz zus, 10 – 11 – 12 M rechts = 40 – 44 – 48 M.

1 Runde rechts stricken.

7. Runde: 9 – 10 – 11 M rechts, 2 M re zus, 2 M re überz zus, 3 M rechts, 2 M Ajour, 4 – 6 – 8 M rechts, 2 M Ajour, 3 M rechts, 2 M re zus, 2 M re überz zus, 9 – 10 – 11 M rechts = 36 – 40 – 44 M.

1 Runde rechts stricken.

9. Runde: 8 – 9 – 10 M rechts, 2 M re zus, 2 M re überz zus, 2 M rechts, 2 M Ajour, 4 – 6 – 8 M rechts, 2 M Ajour, 2 M rechts, 2 M re zus, 2 M re überz zus, 8 – 9 – 10 M rechts = 32 – 36 – 40 M.

1 Runde rechts stricken.

11. Runde: 7 – 8 – 9 M rechts, 2 M re zus, 2 M re überz zus, 1 M rechts, 2 M Ajour, 4 – 6 – 8 M rechts, 2 M Ajour, 1 M rechts, 2 M re zus, 2 M re überz zus, 7 – 8 – 9 M rechts = 28 – 32 – 36 M.

1 Runde rechts stricken.

13. Runde: 6 – 7 – 8 M rechts, 2 M re zus, 2 M re überz zus, 8 – 10 – 12 M rechts, 2 M re zus, 2 M re überz zus, 6 – 7 – 8 M rechts = 24 – 28 – 32 M.

14. Runde: 5 – 6 – 7 M rechts, 2 M re zus, 2 M re überz zus, 6 – 8 – 10 M rechts, 2 M re zus, 2 M re überz zus, 5 – 6 – 7 M rechts = 20 – 24 – 28 M.

15. Runde: 4 – 5 – 6 M rechts, 2 M re zus, 2 M re überz zus, 4 – 6 – 8 M rechts, 2 M re zus, 2 M re überz zus, 4 – 5 – 6 M rechts = 16 – 20 – 24 M.

16. Runde: Fortlaufend 2 M re zus = 8 – 10 – 12 M.

Garn abschneiden, den Faden durch die Maschen fädeln und fest anziehen.

Die zweite Socke genauso stricken.

## Und zum Schluss ...

**die Oberkante an der Picot-Reihe nach innen umschlagen und festnähen.**

**Die Fäden vernähen. Falls notwendig die kleinen Löcher an der Ferse schließen.**

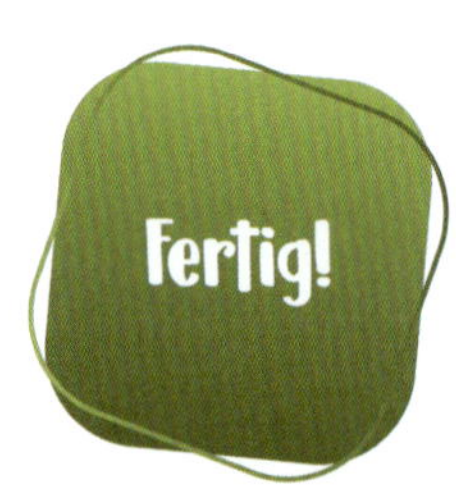

Strickschrift - Ajour-Leitermuster

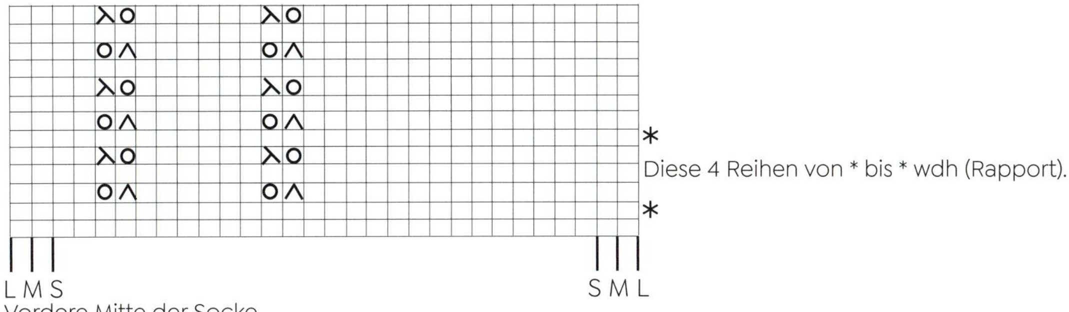


- Hinreihen: rechte M, Rückreihen: linke M
- 1 Umschlag
- 2 M rechts zusammenstricken
- 2 M rechts überzogen zusammenstricken

L = 40 / 41
M = 38 / 39
S = 36 / 37

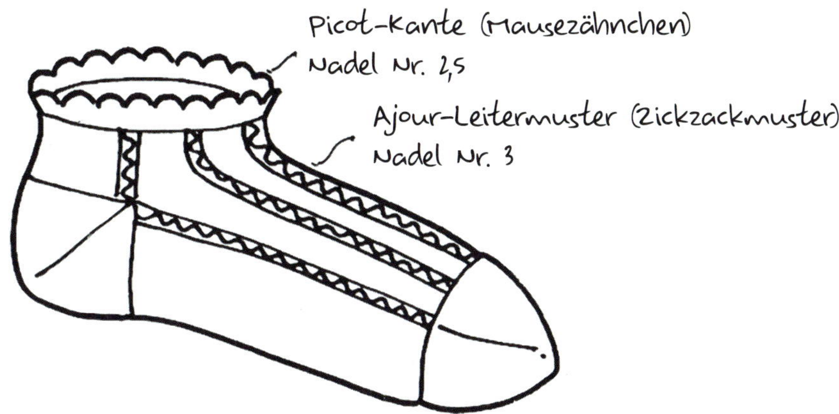

MODELL 16

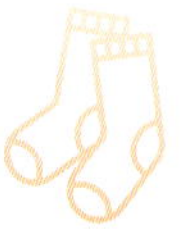

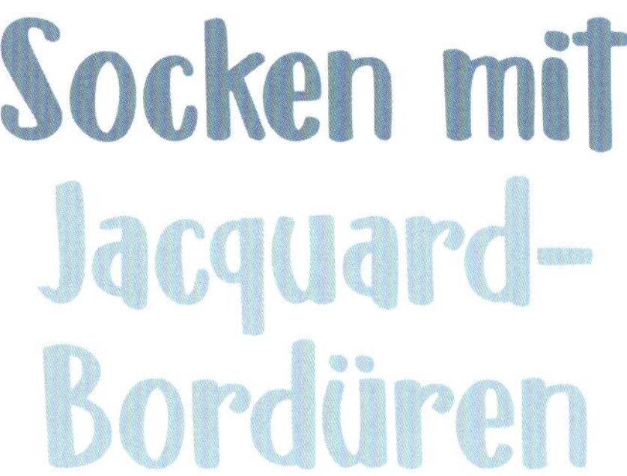

# Socken mit Jacquard-Bordüren

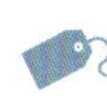

## Größen

36/37 – 38/39 – 40/41

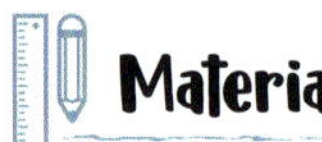

## Material

- Garn: JAWOLL von Lang Yarns (75 % Wolle, 25 % Polyamid)
  Je 1 Knäuel (à 50 g) in den Farben: Schwarz 83.0004 – Dunkelgrau Melange 83.0003 – Hellgrau Melange 83.0023 – Offwhite 83.0094
- Rundstricknadeln Nr. 2,5 und Nr. 3, Maschenmarkierer

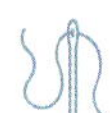

## Muster und Maschen

**1/1-Rippenmuster:** Die Maschenzahl ist teilbar durch 2.
1. Reihe: *1 M rechts, 1 M links*, von *bis* stets wiederholen. In den folgenden Reihen die rechten M rechts, die linken M links stricken.

**Glatt rechts:** abwechselnd 1 Reihe rechte M und 1 Reihe linke M stricken. Diese beiden Reihen stets wiederholen.

**Jacquard-Muster:** nach den Strickschriften arbeiten (s. S. 76).

**2 Maschen rechts überzogen zusammenstricken (2 M re überz zus):** 1 M abheben, die folgende M rechts stricken und die abgehobene M über die gestrickte M ziehen.

**3 Maschen rechts überzogen zusammenstricken (3 M re überz zus):** 1 M abheben, die folgenden 2 M rechts zusammenstricken und die abgehobene M über die gestrickte M ziehen.

**2 Maschen rechts zusammenstricken (2 M re zus):** in 2 M zusammen wie zum Rechtsstricken einstechen und sie rechts zusammenstricken.

**3 Maschen rechts zusammen (3 M re zus):** in 3 M zusammen wie zum Rechtsstricken einstechen und sie rechts zusammenstricken.

## Maschenprobe

Diese ist notwendig, damit die Strickarbeit die richtige Größe erhält.
Glatt rechts mit Nadel Nr. 3:
26 M × 36 Reihen = 10 × 10 cm.

## Anleitung

Die Socke wird von unten wie ein Schlauch gestrickt. Die nachträgliche Ferse und die Spitze werden ganz zum Schluss gearbeitet. Die Ferse kann mit dem Beilaufgarn, das im Knäuel versteckt ist, verstärkt werden.

### Fuß

Mit der Rundstricknadel Nr. 3 50 – 54 – 58 M auf einen Hilfsfaden (von heller Farbe) anschlagen und einige Runden glatt rechts stricken (diese werden später wieder aufgetrennt, um die Spitze zu arbeiten).

Zwischen der ersten und letzten M der Runde einen Maschenmarkierer setzen = Rückseite der Socke.

Im Jacquard-Muster 1-mal Strickschrift Nr. 1 stricken, danach in Dunkelgrau Melange fortfahren.

In 14 – 15 – 16 cm Gesamthöhe an der Rückseite der Socke einen Maschenmarkierer setzen (Position der späteren nachträglichen Ferse).

**Tipp – Nachträgliche Ferse**

Zur Markierung der Ferse und zur besseren Orientierung beim späteren Durchschneiden des Garns in Höhe der Ferse kann man die 13 – 14 – 15 M rechts und links des Maschenmarkierers in einer Kontrastfarbe rechts stricken. Anschließend strickt man über alle Maschen mit der angegebenen Farbe weiter bis zum Ende der Socke.

Für die Ferse wird dann später einfach der Kontrastfaden durchgeschnitten und entfernt. Dann nimmt man die offenen Maschen auf eine Rundstricknadel auf.

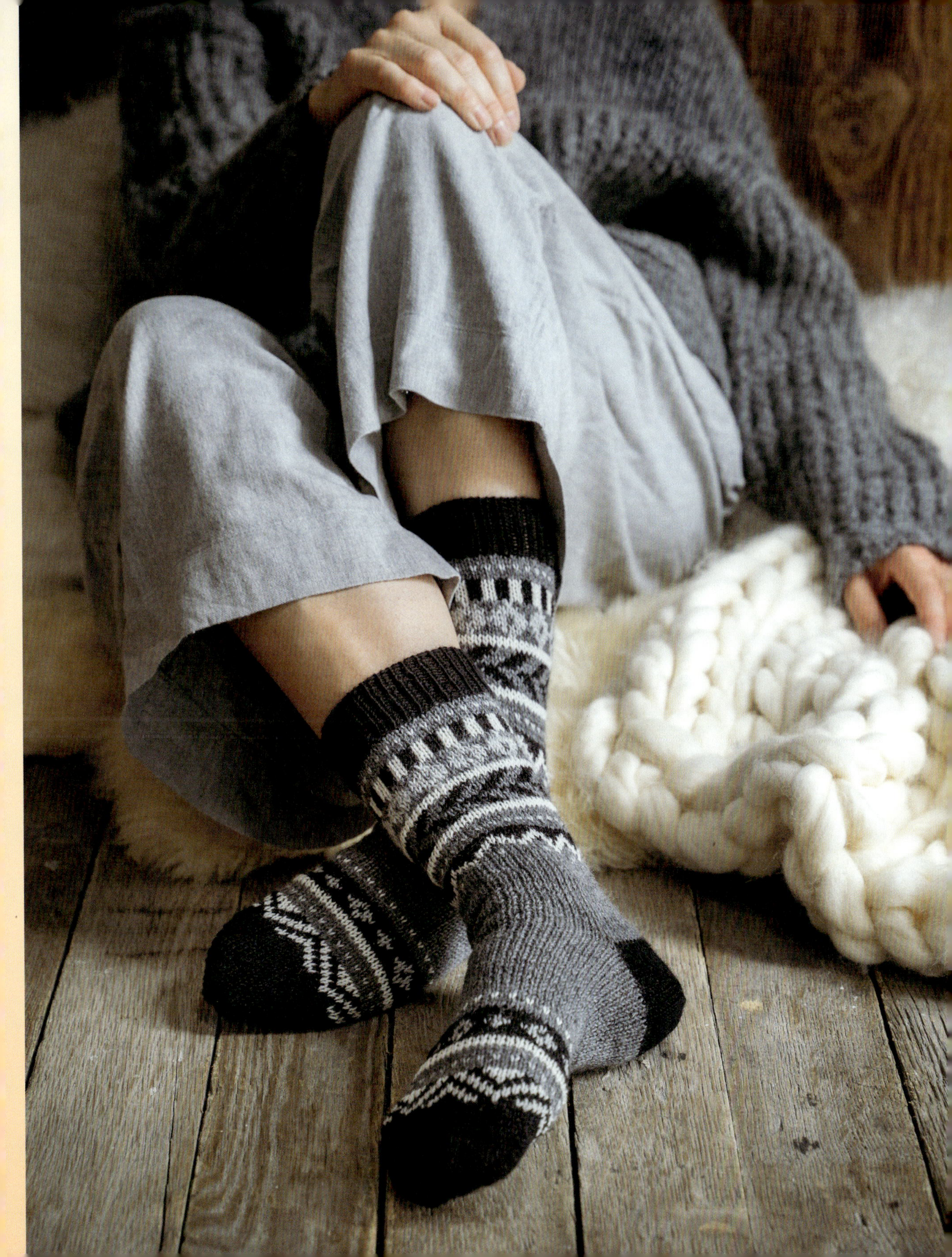

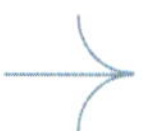

## Schaft

Weitere 11 – 15 – 19 Runden glatt rechts stricken, dabei beiderseits des Maschenmarkierers je 1 M zunehmen wie folgt: 3-mal in jeder 10. Runde und 3-mal in jeder 8. Runde = 62 – 66 – 70 M.

Gleichzeitig das Jacquard-Muster nach der Strickschrift Nr. 2 arbeiten.

Am Ende der Strickschrift zum schwarzen Garn und den Nadeln Nr. 2,5 wechseln und im 1/1-Rippenmuster fortfahren.

Nach 4 cm (18 Runden) die Maschen locker im 1/1-Rippenmuster abketten.

## Spitze

Den Hilfsfaden entfernen und die 50 – 54 – 58 M auf die Rundstricknadel Nr. 3 legen; die Spitze in Schwarz arbeiten. Zwischen der ersten und letzten M der Runde einen Maschenmarkierer setzen = Rückseite der Socke.

4 Runden glatt rechts stricken, dann die Abnahmen für die Spitze arbeiten wie folgt:

5. Runde: 11 – 12 – 13 M rechts, 3 M re zus, 22 – 24 – 26 M rechts, 3 M re überz zus, 11 – 12 – 13 M rechts = 46 – 50 – 54 M.

3 Runden rechts stricken.

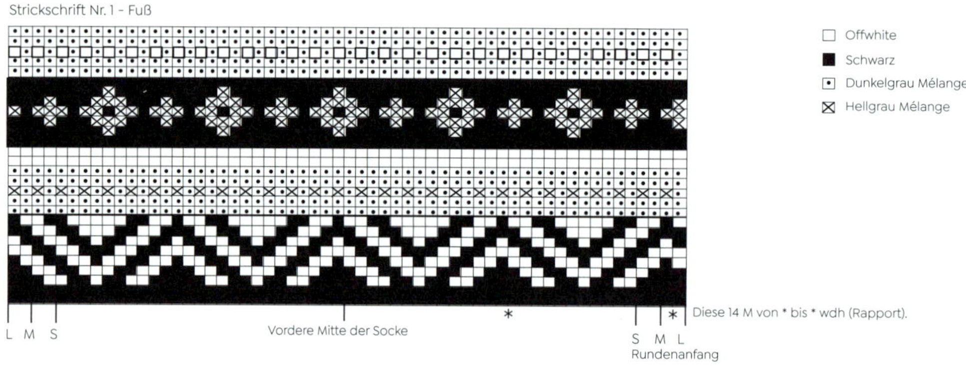


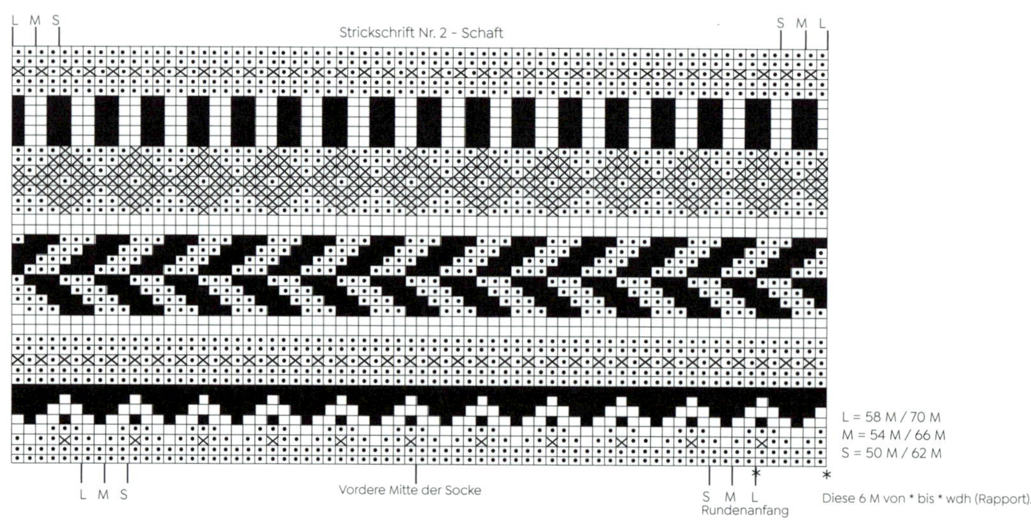

9. Runde: 10 – 11 – 12 M rechts, 3 M re zus, 20 – 22 – 24 M rechts, 3 M re überz zus, 10 – 11 – 12 M rechts = 42 – 46 – 50 M.

1 Runde rechts stricken.

11. Runde: 9 – 10 – 11 M rechts, 3 M re zus, 18 – 20 – 22 M rechts, 3 M re überz zus, 9 – 10 – 11 M rechts = 38 – 42 – 46 M.

1 Runde rechts stricken.

13. Runde: 8 – 9 – 10 M rechts, 3 M re zus, 16 – 18 – 20 M rechts, 3 M re überz zus, 8 – 9 – 10 M rechts = 34 – 38 – 42 M.

1 Runde rechts stricken.

15. Runde: 7 – 8 – 9 M rechts, 3 M re zus, 14 – 16 – 18 M rechts, 3 M re überz zus, 7 – 8 – 9 M rechts = 30 – 34 – 38 M.

1 Runde rechts stricken.

17. Runde: 6 – 7 – 8 M rechts, 3 M re zus, 12 – 14 – 16 M rechts, 3 M re überz zus, 6 – 7 – 8 M rechts = 26 – 30 – 34 M.

18. Runde: 5 – 6 – 7 M rechts, 3 M re zus, 10 – 12 – 14 M rechts, 3 M re überz zus, 5 – 6 – 7 M rechts = 22 – 26 – 30 M.

19. Runde: 4 – 5 – 6 M rechts, 3 M re zus, 8 – 10 – 12 M rechts, 3 M re überz zus, 4 – 5 – 6 M rechts = 18 – 22 – 26 M.

20. Runde: 3 – 4 – 5 M rechts, 3 M re zus, 6 – 8 – 10 M rechts, 3 M re überz zus, 3 – 4 – 5 M rechts = 14 – 18 – 22 M.

21. Runde: Fortlaufend 2 M re zus = 7 – 9 – 11 M.

Garn abschneiden, den Faden durch die Maschen fädeln und fest anziehen.

## Ferse

In Höhe des Maschenmarkierers das Garn durchschneiden und beiderseits des Maschenmarkierers je 13 – 14 – 15 M auf die Rundstricknadel Nr. 3 aufnehmen. Dann die entsprechenden 26 – 28 – 30 M der Runde oberhalb des durchgeschnittenen Garns aufnehmen = 52 – 56 – 60 M. Mit diesen Maschen fortfahren und 1 Runde glatt rechts stricken, dann mit den Abnahmen beginnen:

2. Runde: 11 – 12 – 13 M rechts, 2 M re überz zus, 2 M re zus, 22 – 24 – 26 M rechts, 2 M re überz zus, 2 M re zus, 11 – 12 – 13 M rechts = 48 – 52 – 56 M.

1 Runde rechts stricken.

4. Runde: 10 – 11 – 12 M rechts, 2 M re überz zus, 2 M re zus, 20 – 22 – 24 M rechts, 2 M re überz zus, 2 M re zus, 10 – 11 – 12 M rechts = 44 – 48 – 52 M.

1 Runde rechts stricken.

6. Runde: 9 – 10 – 11 M rechts, 2 M re überz zus, 2 M re zus, 18 – 20 – 22 M rechts, 2 M re überz zus, 2 M re zus, 9 – 10 – 11 M rechts = 40 – 44 – 48 M.

1 Runde rechts stricken.

8. Runde: 8 – 9 – 10 M rechts, 2 M re überz zus, 2 M re zus, 16 – 18 – 20 M rechts, 2 M re überz zus, 2 M re zus, 8 – 9 – 10 M rechts = 36 – 40 – 44 M.

1 Runde rechts stricken.

10. Runde: 7 – 8 – 9 M rechts, 2 M re überz zus, 2 M re zus, 14 – 16 – 18 M rechts, 2 M re überz zus, 2 M re zus, 7 – 8 – 9 M rechts = 32 – 36 – 40 M.

1 Runde rechts stricken.

12. Runde: 6 – 7 – 8 M rechts, 2 M re überz zus, 2 M re zus, 12 – 14 – 16 M rechts, 2 M re überz zus, 2 M re zus, 6 – 7 – 8 M rechts = 28 – 32 – 36 M.

1 Runde rechts stricken.

14. Runde: 5 – 6 – 7 M rechts, 2 M re überz zus, 2 M re zus, 10 – 12 – 14 M rechts, 2 M re überz zus, 2 M re zus, 5 – 6 – 7 M rechts = 24 – 28 – 32 M.

1 Runde rechts stricken.

16. Runde: 4 – 5 – 6 M rechts, 2 M re überz zus, 2 M re zus, 8 – 10 – 12 M rechts, 2 M re überz zus, 2 M re zus, 4 – 5 – 6 M rechts = 20 – 24 – 28 M.

17. Runde: 3 – 4 – 5 M rechts, 2 M re überz zus, 2 M re zus, 6 – 8 – 10 M rechts, 2 M re überz zus, 2 M re zus, 3 – 4 – 5 M rechts = 16 – 20 – 24 M.

18. Runde: 1 M rechts, *2 M re überz zus*, von *bis* stets wiederholen = 8 – 10 – 12 M.

Garn abschneiden, den Faden durch die Maschen fädeln und fest anziehen.

Die zweite Socke genauso stricken.

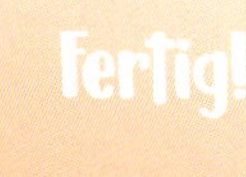


## Und zum Schluss ...

**die Fäden vernähen. Falls notwendig die kleinen Löcher an der Ferse schließen.**

MODELL 17

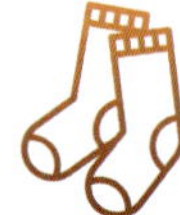

# Dreifarbige Rippensocken

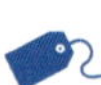

## Größen

36/37 – 38/39 – 40/41

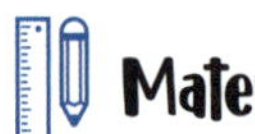

## Material

- Garn: JAWOLL von Lang Yarns (75 % Wolle, 25 % Polyamid)
  1 Knäuel (50 g) in der Farbe Blau Melange 83.0058
  1 Knäuel (50 g) in der Farbe Dunkeljeans 83.0033
  1 Knäuel (50 g) in der Farbe Hellblau 83.0220
- Rundstricknadeln Nr. 2,5
- Nadelspiel Nr. 2,5 oder Nr. 3
- Maschenmarkierer

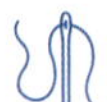

## Muster und Maschen

**2/2-Rippenmuster:** Die Maschenzahl ist teilbar durch 4.
1. Reihe: *2 M rechts, 2 M links*, von *bis* stets wiederholen. In den folgenden Reihen die rechten M rechts, die linken M links stricken.

**Glatt rechts:** abwechselnd 1 Reihe rechte M und 1 Reihe linke M stricken. Diese beiden Reihen stets wiederholen.

**2 Maschen rechts überzogen zusammenstricken (2 M re überz zus):** 1 M abheben, die folgende M rechts stricken und die abgehobene M über die gestrickte M ziehen.

**2 Maschen rechts zusammenstricken (2 M re zus):** in 2 M zusammen wie zum Rechtsstricken einstechen und sie rechts zusammenstricken.

**2 Maschen links zusammenstricken (2 M li zus):** in 2 M zusammen wie zum Linksstricken einstechen und sie links zusammenstricken.

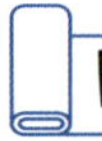

## Maschenprobe

Diese ist notwendig, damit die Strickarbeit die richtige Größe erhält.
2/2-Rippen mit Nadel Nr. 3: 32 M × 44 Reihen = 10 × 10 cm.

## Anleitung

Die Socke wird von oben gestrickt. Die Ferse ist eine verstärkte Käppchenferse im Rippenmuster.

### Schaft

Mit der Rundstricknadel Nr. 2,5 in der Farbe Dunkeljeans 74 – 82 – 90 M anschlagen und in Runden 4 cm (18 Runden) im 2/2-Rippenmuster stricken. Zwischen der ersten und letzten M der Runde einen Maschenmarkierer setzen = Rückseite der Socke.

In der Farbe Blau Melange im 2/2-Rippenmuster fortfahren, dabei beiderseits des Maschenmarkierers je 1 M abnehmen (am Rundenanfang 2 M re zus, am Rundenende 2 M re überz zus). Diese Abnahmen insgesamt 7-, 8-, 9-mal ausführen in jeder 6. Runde = 60 – 66 – 72 M.

### Ferse

In 13 – 15 – 17 cm Gesamthöhe die mittleren 22 – 26 – 30 M (Fußrücken) ruhen lassen und in Hellblau in Reihen mit den 19 – 20 – 21 M beiderseits des Maschenmarkierers fortfahren, dabei an beiden Enden 0 – 1 – 0 M zunehmen = 38 – 42 – 42 M.

**Tipp – Die Ferse verstärken**

Die Ferse kann mit dem Beilaufgarn, das im Knäuel versteckt ist, verstärkt werden. Das Beilaufgarn einfach zusammen mit dem normalen Garn mit den Nadeln Nr. 3 stricken.

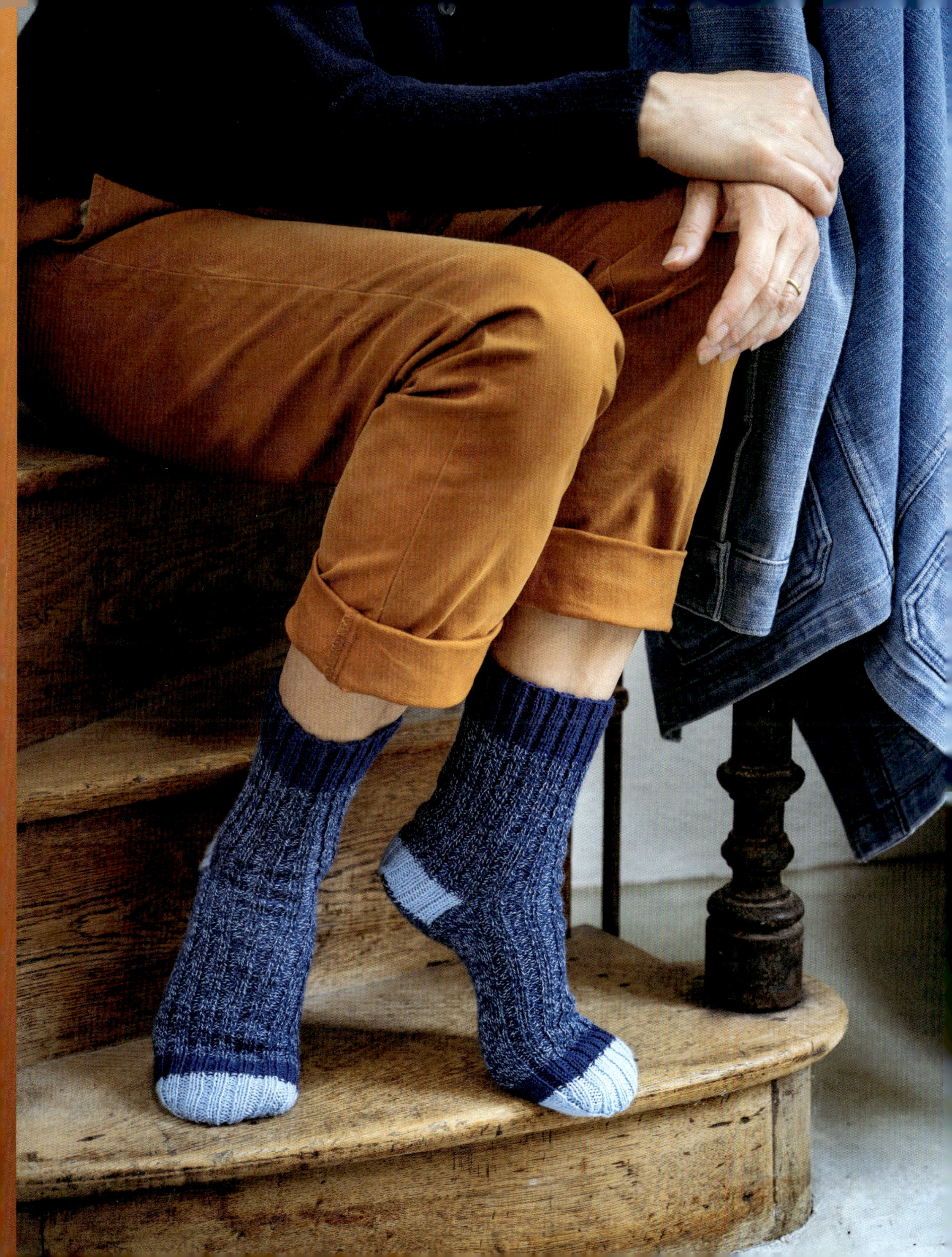

# MODELL 17 **Dreifarbige Rippensocken**

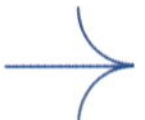

In Hellblau 14 Reihen in 2/2-Rippen stricken, dann an beiden Enden 14 - 14 - 14 M ruhen lassen. An den mittleren 12 - 14 - 14 M mit den Nadeln Nr. 2,5 in Blau Melange fortfahren: Glatt rechts stricken, dabei jeweils die letzte M mit der 1. hellblauen seitlichen M zusammenstricken. So fortfahren, bis keine seitlichen Maschen mehr übrig sind.

Mit den Nadeln Nr. 2,5 in Blau Melange die mittleren 12 - 14 - 14 M rechts stricken, dann aus der Seite der hellblauen Fersenwand 10 - 10 - 11 M aufnehmen, rechts stricken, die 22 - 26 - 30 M des Fußrückens wieder hinzunehmen und in 2/2-Rippen stricken, dann aus der anderen Seite der Fersenwand 10 - 10 - 11 M aufnehmen und rechts stricken = 54 - 60 - 66 M.

### Fuß

In Runden glatt rechts und in Rippen fortfahren wie folgt: 16 - 17 - 18 M rechts, 22 - 26 - 30 M in 2/2-Rippen, 16 - 17 - 18 M rechts. Zwischen der 1. und letzten M der Runde einen Maschenmarkierer setzen.

Über 12 - 13 - 14 cm (54 - 58 - 62 Runden) so fortfahren, dann in der Farbe Dunkeljeans noch 8 Runden ebenso stricken.

### Spitze

In Hellblau 4 Runden weiter glatt rechts und in 2/2-Rippen stricken, dann die Abnahmen arbeiten wie folgt:

5. Runde: 14 - 15 - 16 M rechts, 2 M re zus, 2 M li zus, 18 - 22 - 26 M in 2/2-Rippen, 2 M li zus, 2 M re überz zus, 14 - 15 - 16 M rechts = 50 - 56 - 62 M.

3 Runden rechts stricken.

9. Runde: 13 - 14 - 15 M rechts, 2 M re zus, 2 M li zus, 16 - 20 - 24 M in 2/2-Rippen, 2 M li zus, 2 M re überz zus, 13 - 14 - 15 M rechts = 46 - 52 - 58 M.

1 Runde rechts stricken.

11. Runde: 12 - 13 - 14 M rechts, 2 M re zus, 2 M li zus, 14 - 18 - 22 M in 2/2-Rippen, 2 M li zus, 2 M re überz zus, 12 - 13 - 14 M rechts = 42 - 48 - 54 M.

1 Runde rechts stricken.

13. Runde: 11 - 12 - 13 M rechts, 2 M re zus, 2 M li zus, 12 - 16 - 20 M in 2/2-Rippen, 2 M li zus, 2 M re überz zus, 11 - 12 - 13 M rechts = 38 - 44 - 50 M.

1 Runde rechts stricken.

15. Runde: 10 - 11 - 12 M rechts, 2 M re zus, 2 M li zus, 10 - 14 - 18 M in 2/2-Rippen, 2 M li zus, 2 M re überz zus, 10 - 11 - 12 M rechts = 34 - 40 - 46 M.

1 Runde rechts stricken.

17. Runde: 9 - 10 - 11 M rechts, 2 M re zus, 2 M li zus, 8 - 12 - 16 M in 2/2-Rippen, 2 M li zus, 2 M re überz zus, 9 - 10 - 11 M rechts = 30 - 36 - 42 M.

1 Runde rechts stricken.

19. Runde: 8 - 9 - 10 M rechts, 2 M re zus, 2 M li zus, 6 - 10 - 14 M in 2/2-Rippen, 2 M li zus, 2 M re überz zus, 8 - 9 - 10 M rechts = 26 - 32 - 38 M.

1 Runde rechts stricken.

21. Runde: 7 - 8 - 9 M rechts, 2 M re zus, 2 M li zus, 4 - 8 - 12 M in 2/2-Rippen, 2 M li zus, 2 M re überz zus, 7 - 8 - 9 M rechts = 22 - 28 - 34 M.

1 Runde rechts stricken.

23. Runde: 6 - 7 - 8 M rechts, 2 M re zus, 2 M li zus, 2 - 6 - 10 M in 2/2-Rippen, 2 M li zus, 2 M re überz zus, 6 - 7 - 8 M rechts = 18 - 24 - 30 M.

24. Runde: Fortlaufend 2 M re zus = 9 - 12 - 15 M.

Garn abschneiden, den Faden durch die Maschen fädeln und fest anziehen.

Die zweite Socke genauso stricken.

**Und zum Schluss ...**

**die Fäden vernähen. Falls notwendig die kleinen Löcher an der Ferse schließen.**

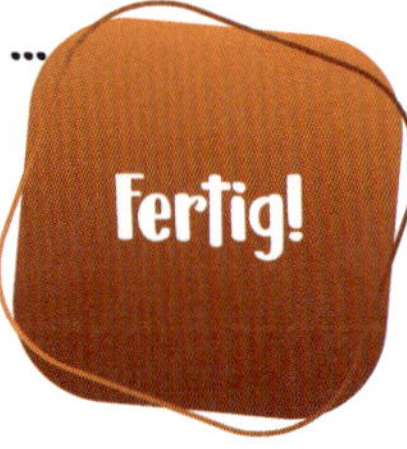

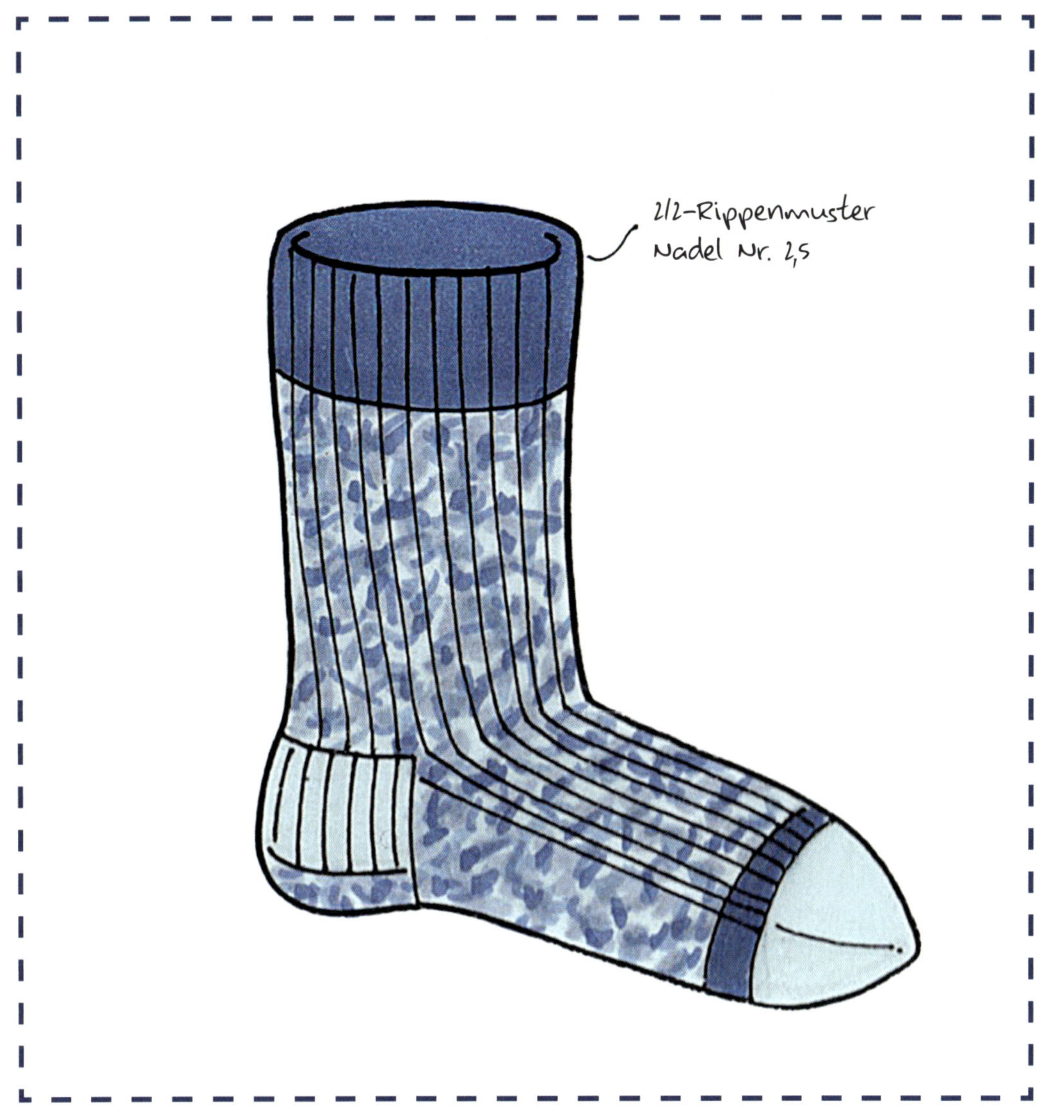
2/2-Rippenmuster
Nadel Nr. 2,5

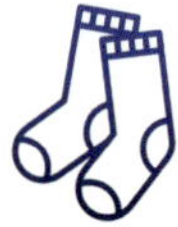

# Kniestrümpfe im Aran-Muster

## Größen

36/37 – 38/39 – 40/41

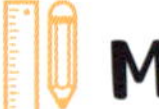

## Material

- Garn: ALPACA SOXX 6-fach von Lang Yarns (70 % Alpaka, 30 % Polyamid)
  1 – 2 – 2 Knäuel (à 150 g) in der Farbe Messing Melange 1087.0050
- Rundstricknadeln Nr. 3 und Nr. 3,5
- Nadelspiel Nr. 3,5, Zopfnadel
- Maschenmarkierer

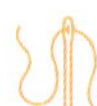

## Muster und Maschen

**1/1-Rippenmuster:** Die Maschenzahl ist teilbar durch 2.
1. Reihe: *1 M rechts, 1 M links*, von *bis* stets wiederholen.
In den folgenden Reihen die rechten M rechts, die linken M links stricken.

**Glatt rechts:** abwechselnd 1 Reihe rechte M und 1 Reihe linke M stricken. Diese beiden Reihen stets wiederholen.

**Aran-Muster:** nach den Strickschriften Nr. 1 und Nr. 2 arbeiten (s. S. 84).

**Großes Perlmuster:** Die Maschenzahl ist teilbar durch 2.
1. Reihe: *1 M rechts, 1 M links*, von *bis* stets wiederholen.
2. und 4. Reihe: Alle M stricken, wie sie erscheinen (rechte M rechts, linke M links).
3. Reihe: *1 M links, 1 M rechts*, von *bis* stets wiederholen.

Diese 4 Reihen stets wiederholen.

**4 Maschen nach links verkreuzt:** 2 M auf eine Zopfnadel vor die Arbeit legen, die folgenden 2 M rechts stricken, dann die 2 M der Zopfnadel rechts stricken.

**3 Maschen nach rechts verkreuzt (2 M rechts, 1 M links):** 1 M auf eine Zopfnadel hinter die Arbeit legen, die folgenden 2 M rechts stricken, dann die 1 M der Zopfnadel links stricken.

**3 Maschen nach links verkreuzt (1 M links, 2 M rechts):** 2 M auf eine Zopfnadel vor die Arbeit legen, die folgende M links stricken, dann die 2 M der Zopfnadel rechts stricken.

**2 Maschen rechts überzogen zusammenstricken (2 M re überz zus):** 1 M abheben, die folgende M rechts stricken und die abgehobene M über die gestrickte M ziehen.

**2 Maschen rechts zusammenstricken (2 M re zus):** in 2 M zusammen wie zum Rechtsstricken einstechen und sie rechts zusammenstricken.

## Maschenprobe

Diese ist notwendig, damit die Strickarbeit die richtige Größe erhält.
Aran-Muster mit Nadel Nr. 3,5:
28 M × 33 Reihen = 10 × 10 cm.

## Anleitung

Die Socke wird von oben gestrickt. Die Ferse ist eine Bumerangferse mit Wickelmaschen.

### Schaft

Mit der Rundstricknadel Nr. 3 in Messing Melange 74 – 78 – 82 M anschlagen und in Runden 13 cm (44 Runden) im 1/1-Rippenmuster stricken. Zwischen der ersten und letzten M der Runde einen Maschenmarkierer setzen = Rückseite der Socke.

Mit der Rundstricknadel Nr. 3,5 im Aran-Muster fortfahren wie folgt: 2 – 4 – 5 M Perlmuster, 2 M links, 4 M rechts (2/2-Zopf), 2 M links, 2 M rechts, 4 M links, 4 M rechts (2/2-Zopf), 4 M links, 2 M rechts, 2 M links, 4 M rechts (2/2-Zopf), 2 M links, 6 – 6 – 8 M Perlmuster (vordere Mitte der Socke), 2 M links, 4 M rechts (2/2-Zopf), 2 M links, 2 M rechts, 4 M links, 4 M rechts (2/2-Zopf), 4 M links, 2 M rechts, 2 M links, 4 M rechts (2/2-Zopf), 2 M links, 2 – 4 – 5 M Perlmuster.

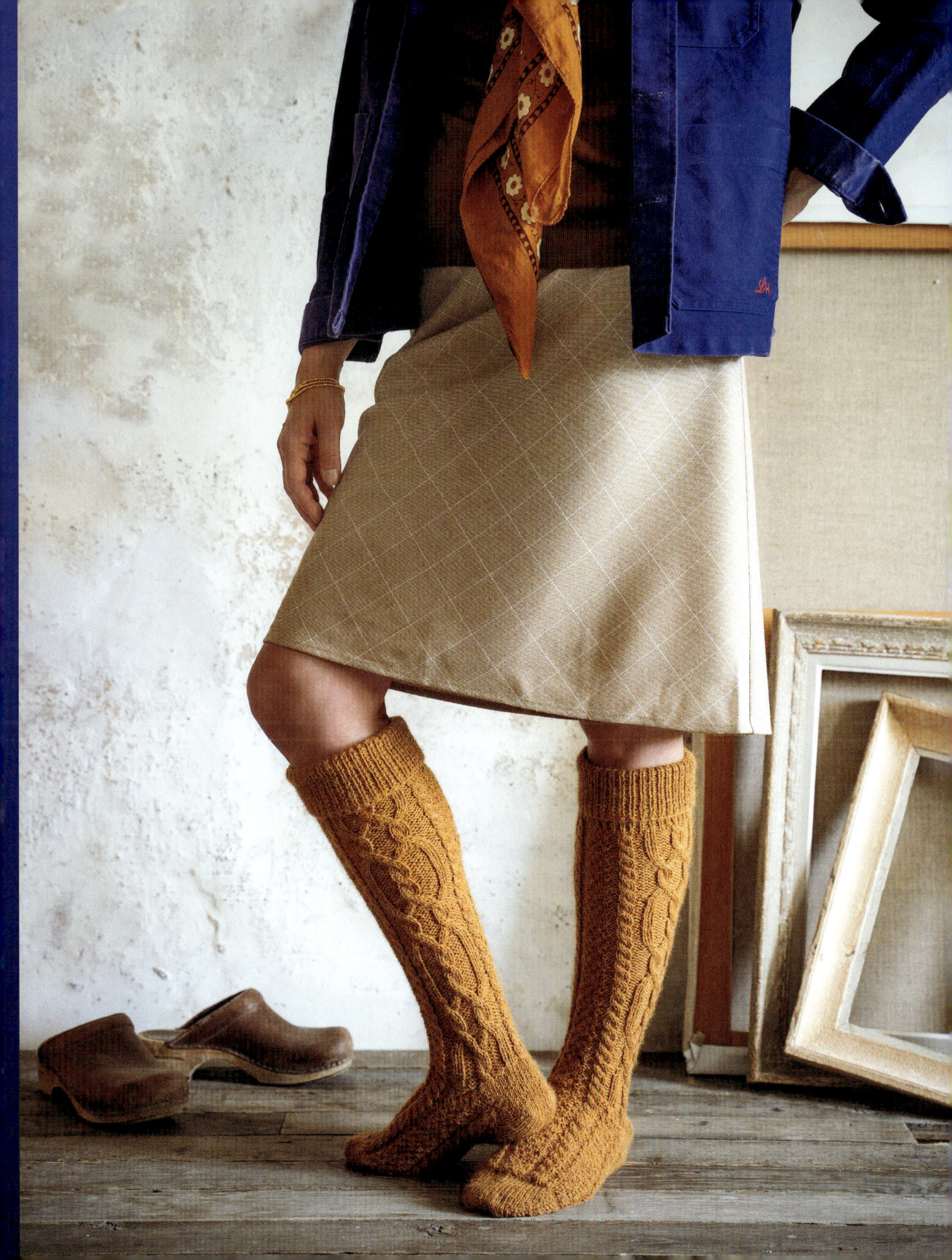

# MODELL 18 Kniestrümpfe im Aran-Muster

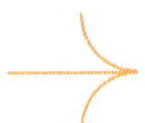

Weiter nach der Strickschrift Nr. 1 arbeiten (rechte und linke Seite gleichzeitig), dabei beiderseits des Maschenmarkierers je 1 M abnehmen (am Rundenanfang 2 M re zus, am Rundenende 2 M re überz zus) wie folgt: 5-mal in jeder 10. Runde, 3-mal in jeder 12. Runde = 58 – 62 – 66 M.

## Ferse

In 39 – 41 – 43 cm Gesamthöhe die mittleren 30 – 32 – 34 M (Fußrücken) ruhen lassen und die Bumerangferse in Reihen arbeiten (siehe Seite 9): Mit dem Nadelspiel die 28 – 30 – 32 Fersenmaschen stricken bis 1 M vor Ende, die Arbeit wenden (mit Wickelmasche). So fortfahren, bis noch 12 – 14 – 16 mittlere M verbleiben. In den folgenden Reihen die Wickelmaschen wieder mit aufnehmen, bis wieder 28 – 30 – 32 M erreicht sind.

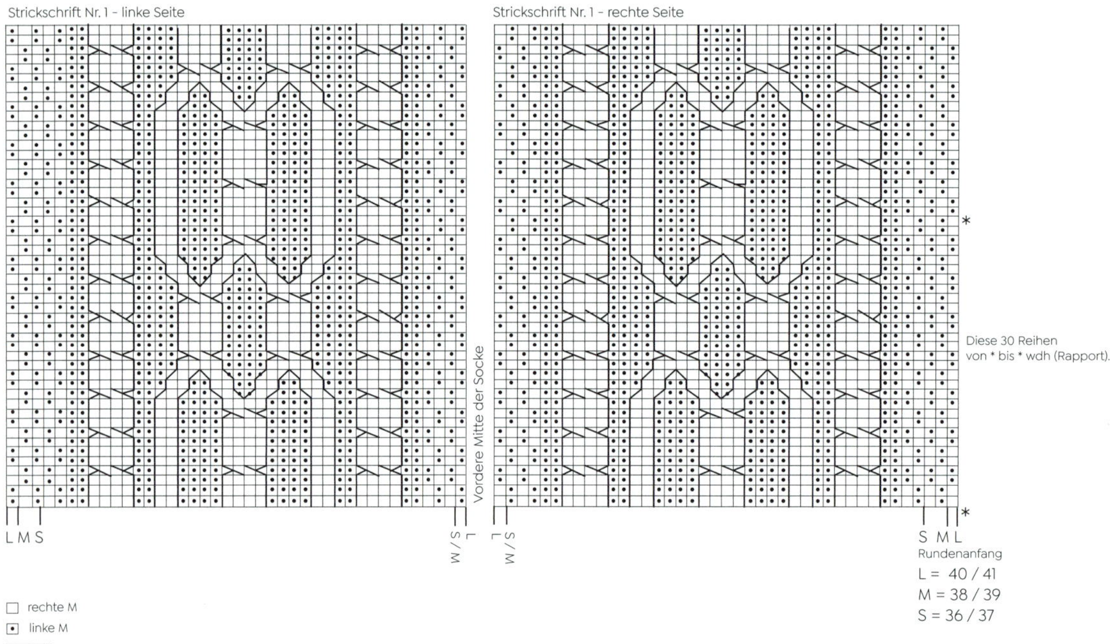


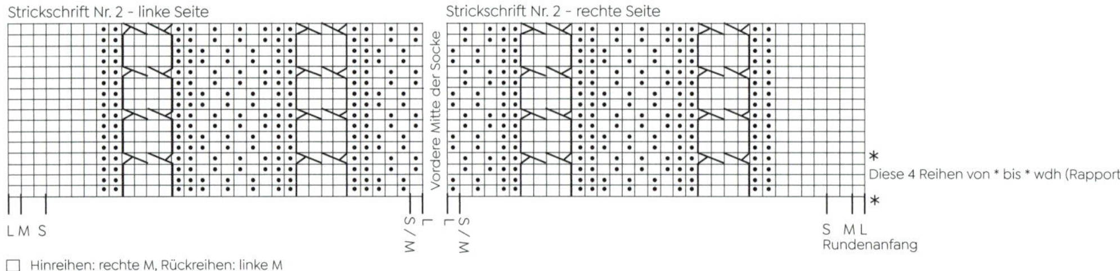


Hinreihen: rechte M, Rückreihen: linke M

Hinreihen: linke M, Rückreihen: rechte M

4 M nach links verkreuzt

L = 40 / 41
M = 38 / 39
S = 36 / 37

## Fuß

Wieder alle 58 – 62 – 66 M auf die Rundstricknadel Nr. 3,5 aufnehmen und im Aran-Muster wie folgt fortfahren:

4 – 6 – 7 M rechts, 2 M links, 4 M rechts (2/2-Zopf), 2 M links, 6 M Perlmuster, 2 M links, 4 M rechts (2/2-Zopf), 2 M links, 6 – 6 – 8 M Perlmuster (vordere Mitte der Socke), 2 M links, 4 M rechts (2/2-Zopf), 2 M links, 6 M Perlmuster, 2 M links, 4 M rechts (2/2-Zopf), 2 M links, 4 – 6 – 7 M rechts.

Über 14 – 15 – 16 cm weiter nach der Strickschrift Nr. 2 stricken (rechte und linke Seite gleichzeitig).

## Spitze

4 Runden glatt rechts stricken, dabei in der 1. Runde 8 M abnehmen (8-mal 1 M beiderseits der 4 Zöpfe; jeweils 2 M re zus stricken) = 50 – 54 – 58 M. Dann die Abnahmen für die Spitze arbeiten:

5. Runde: 11 – 12 – 13 M rechts, 2 M re überz zus, 2 M re zus, 20 – 22 – 24 M rechts, 2 M re überz zus, 2 M re zus, 11 – 12 – 13 M rechts = 46 – 50 – 54 M.

1 Runde rechts stricken.

7. Runde: 10 – 11 – 12 M rechts, 2 M re überz zus, 2 M re zus, 18 – 20 – 22 M rechts, 2 M re überz zus, 2 M re zus, 10 – 11 – 12 M rechts = 42 – 46 – 50 M.

1 Runde rechts stricken.

9. Runde: 9 – 10 – 11 M rechts, 2 M re überz zus, 2 M re zus, 16 – 18 – 20 M rechts, 2 M re überz zus, 2 M re zus, 9 – 10 – 11 M rechts = 38 – 42 – 46 M.

1 Runde rechts stricken.

11. Runde: 8 – 9 – 10 M rechts, 2 M re überz zus, 2 M re zus, 14 – 16 – 18 M rechts, 2 M re überz zus, 2 M re zus, 8 – 9 – 10 M rechts = 34 – 38 – 42 M.

1 Runde rechts stricken.

13. Runde: 7 – 8 – 9 M rechts, 2 M re überz zus, 2 M re zus, 12 – 14 – 16 M rechts, 2 M re überz zus, 2 M re zus, 7 – 8 – 9 M rechts = 30 – 34 – 38 M.

1 Runde rechts stricken.

15. Runde: 6 – 7 – 8 M rechts, 2 M re überz zus, 2 M re zus, 10 – 12 – 14 M rechts, 2 M re überz zus, 2 M re zus, 6 – 7 – 8 M rechts = 26 – 30 – 34 M.

1 Runde rechts stricken.

17. Runde: 5 – 6 – 7 M rechts, 2 M re überz zus, 2 M re zus, 8 – 10 – 12 M rechts, 2 M re überz zus, 2 M re zus, 5 – 6 – 7 M rechts = 22 – 26 – 30 M.

1 Runde rechts stricken.

19. Runde: 4 – 5 – 6 M rechts, 2 M re überz zus, 2 M re zus, 6 – 8 – 10 M rechts, 2 M re überz zus, 2 M re zus, 4 – 5 – 6 M rechts = 18 – 22 – 26 M.

1 Runde rechts stricken.

Zum Abketten die Socke auf links wenden. Die 9 – 11 – 13 M des Fußrückens und die 9 – 11 – 13 M der Fußsohle jeweils auf eine Nadelspielnadel legen. Die Nadeln parallel legen. Die 1. M der vorderen und die 1. M der hinteren Nadel li zus stricken. Dann stets die nächste M der vorderen und hinteren Nadel li zus stricken und die vorige M der rechten Nadel darüberziehen.

Die zweite Socke genauso stricken.

## Und zum Schluss ...

**die Fäden vernähen. Falls notwendig die kleinen Löcher an der Ferse schließen.**

**Den oberen Rand der Socke nach außen umschlagen.**

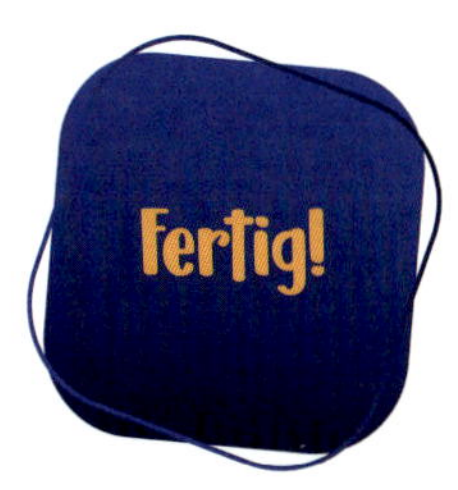

MODELL 19

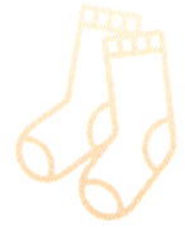

# Knöchelwärmer mit Zopfmuster

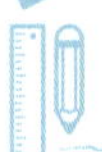

## Einheitsgröße

## Material

- Garn: SUPER SOXX 6-fach von Lang Yarns (75 % Wolle, 25 % Polyamid)
  1 Knäuel (150 g) in der Farbe Petrol 907.0088
- Stricknadeln Nr. 3 und Nr. 3,5
- Zopfnadel

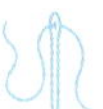

## Muster und Maschen

**1/1-Rippenmuster:** Die Maschenzahl ist teilbar durch 2.

1. Reihe: *1 M rechts, 1 M links*, von *bis* stets wiederholen. In den folgenden Reihen die rechten M rechts, die linken M links stricken.

**2/1-Hebemaschen-Rippen:** Die Maschenzahl ist teilbar durch 3 + 2.
1. Reihe: *2 M links, 1 M rechts*, von *bis* stets wiederholen, mit 2 M links enden.
2. Reihe: *2 M rechts, 1 M abheben mit dem Faden vor der Arbeit*, von *bis* stets wiederholen, mit 2 M rechts enden.

Diese 2 Reihen stets wiederholen.

**Zopfmuster:** nach der Strickschrift arbeiten (s. S. 88).

**4 Maschen nach rechts verkreuzt:** 2 M auf eine Zopfnadel hinter die Arbeit legen, die folgenden 2 M rechts stricken, dann die 2 M der Zopfnadel rechts stricken.

**4 Maschen nach links verkreuzt:** 2 M auf eine Zopfnadel vor die Arbeit legen, die folgenden 2 M rechts stricken, dann die 2 M der Zopfnadel rechts stricken.

**2 Maschen links zusammenstricken (2 M li zus):** in 2 M zusammen wie zum Linksstricken einstechen und sie links zusammenstricken.

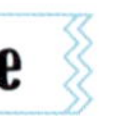

## Maschenprobe

Diese ist notwendig, damit die Strickarbeit die richtige Größe erhält.
Hebemaschen-Rippen mit Nadel Nr. 3,5:
28 M × 40 Reihen = 10 × 10 cm.

## Anleitung

Die Yogasocke wird von oben in Reihen gestrickt.

### Schaft

Mit den Nadeln Nr. 3 in Petrol 70 M anschlagen und 9 cm (32 Reihen) im 1/1-Rippenmuster stricken.

Mit den Nadeln Nr. 3,5 in Hebemaschen-Rippen und im Zopfmuster (nach der Strickschrift) fortfahren wie folgt:

1 M links, 1 M rechts (Hebemaschen-Rippe), *2 M links, 1 M rechts (Hebemaschen-Rippe)*, von *bis* noch 6-mal wiederholen, 2 M links, 4 M rechts, 2 M links, 8 M rechts, 2 M links, 4 M rechts, 2 M links, *1 M rechts (Hebemaschen-Rippe), 2 M links*, von *bis* noch 6-mal wiederholen, enden mit 1 M rechts (Hebemaschen-Rippe), 1 M links, dabei beiderseits in jeder 14. Reihe 2-mal je 1 M abnehmen = 66 M.

In 18,5 cm Gesamthöhe in einer Rückreihe beiderseits 14 M rechts abketten (= Krausrippe auf der Vorderseite).

In der folgenden Hinreihe 14 M neu anschlagen, an den verbliebenen 38 M das Hebemaschen-Rippenmuster und Zopfmuster fortsetzen, danach weitere 14 M neu anschlagen.

In der folgenden Rückreihe 14 M rechts stricken, 38 M in Hebemaschen-Rippen und

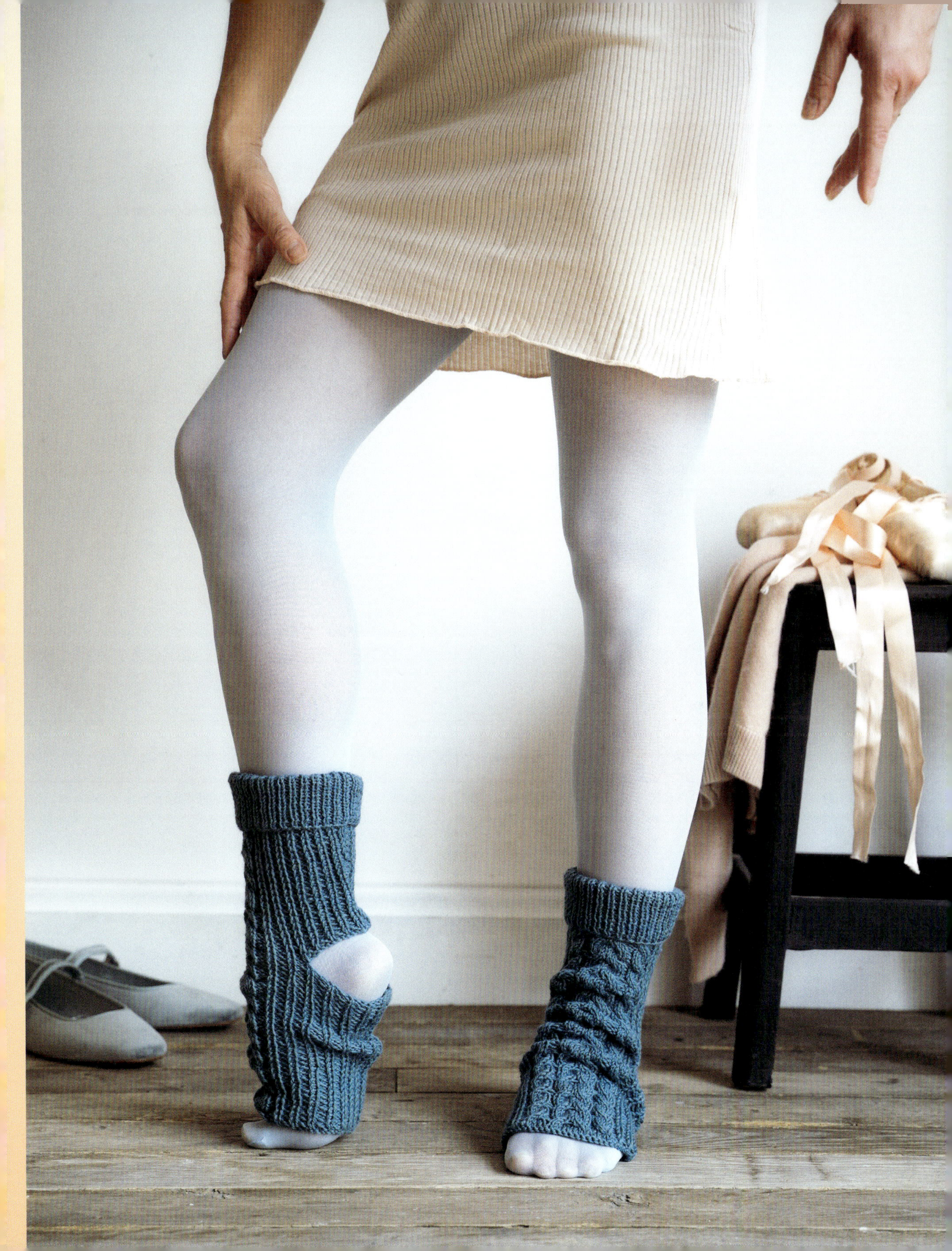

# MODELL 19 Knöchelwärmer mit Zopfmuster

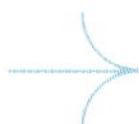

Zopfmuster, 14 M rechts (1 Krausrippe). Weiter über alle 66 M noch 16 cm in Hebemaschen-Rippen und Zopfmuster stricken.

In 34,5 cm Gesamthöhe in einer Hinreihe 6 M abnehmen wie folgt:

2 M li zus, 1 M rechts (Hebemaschen-Rippe), *2 M links, 1 M rechts (Hebemaschen-Rippe)*, von *bis* noch 5-mal wiederholen, 2 M li zus, 4 M rechts, 2 M li zus, 8 M rechts, 2 M li zus, 4 M rechts, 2 M li zus, *1 M rechts (Hebemaschen-Rippe), 2 M links*, von *bis* noch 5-mal wiederholen, 1 M rechts (Hebemaschen-Rippe), 2 M li zus = 60 M.

In einer Rückreihe alle M rechts abketten (= Krausrippe auf der Vorderseite).

Den zweiten Knöchelwärmer genauso stricken.

## Und zum Schluss ...

**die rückwärtige Naht schließen, dabei am Umschlag (4,5 cm) die Naht von der anderen Seite arbeiten.**

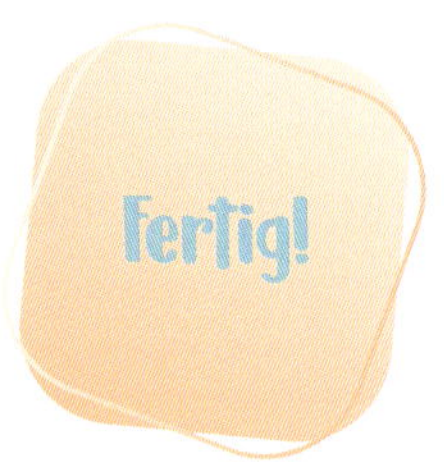


Strickschrift - Zopfmuster

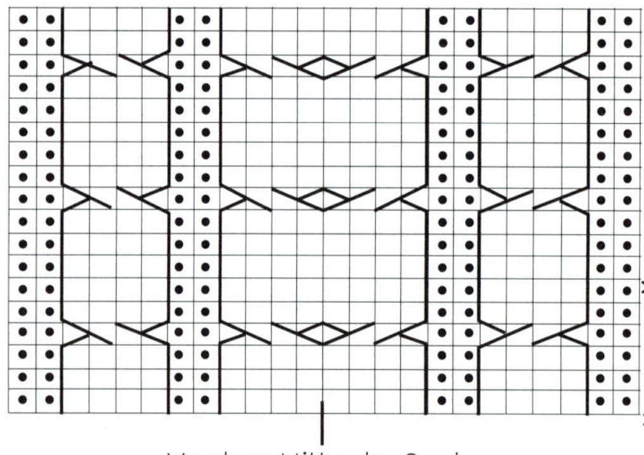


Diese 6 Reihen von * bis * wdh (Rapport).

- rechte M
- linke M
- 4 M nach links verkreuzt
- 4 M nach rechts verkreuzt

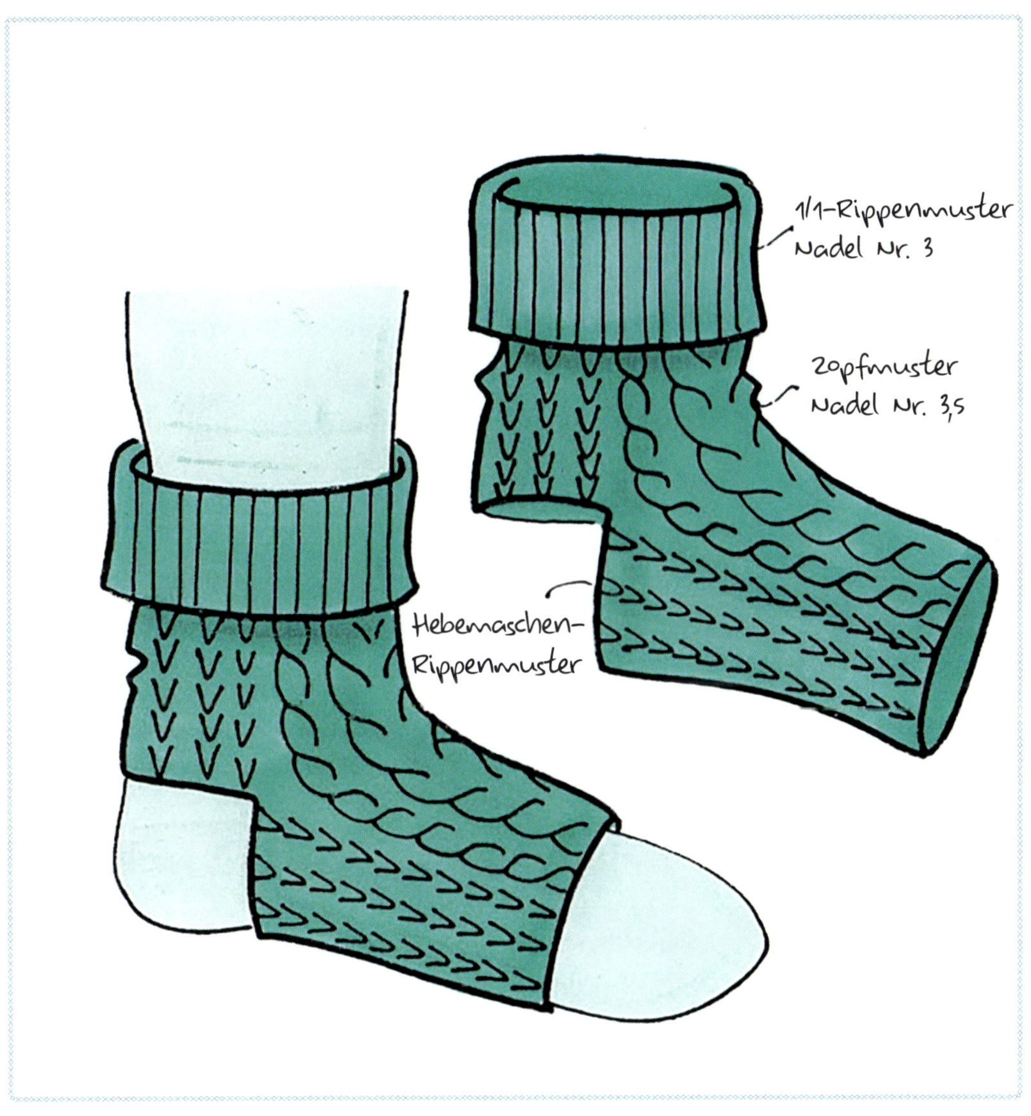

1/1-Rippenmuster
Nadel Nr. 3
Zopfmuster
Nadel Nr. 3,5
Hebemaschen-
Rippenmuster

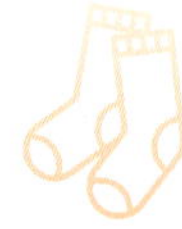

MODELL 20

# Socken mit Rauten- und Zopfmuster

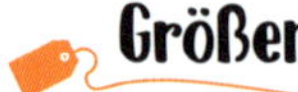

## Größen

36/37 – 38/39 – 40/41

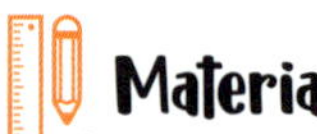

## Material

- Garn: ALPACA SOXX 6-fach von Lang Yarns (70 % Alpaka, 30 % Polyamid)
  1 – 1 – 2 Knäuel (à 150 g) in der Farbe Orange Melange 1087.0059
- SUPER SOXX 6-fach von Lang Yarns (75 % Wolle, 25 % Polyamid)
  1 Knäuel (150 g) in der Farbe Vino 907.0061
- Rundstricknadeln Nr. 3 und Nr. 3,5
- Nadelspiel Nr. 3,5
- Zopfnadel
- Maschenmarkierer

## Muster und Maschen

**2/2-Rippenmuster:** Die Maschenzahl ist teilbar durch 4. 1. Reihe: *2 M rechts, 2 M links*, von *bis* stets wiederholen. In den folgenden Reihen die rechten M rechts, die linken M links stricken.

**Glatt rechts:** abwechselnd 1 Reihe rechte M und 1 Reihe linke M stricken. Diese beiden Reihen stets wiederholen.

**4 Maschen nach links verkreuzt:** 2 M auf eine Zopfnadel vor die Arbeit legen, die folgenden 2 M rechts stricken, dann die 2 M der Zopfnadel rechts stricken.

**2 Maschen rechts überzogen zusammenstricken (2 M re überz zus):** 1 M abheben, die folgende M rechts stricken und die abgehobene M über die gestrickte M ziehen.

**2 Maschen rechts zusammenstricken (2 M re zus):** in 2 M zusammen wie zum Rechtsstricken einstechen und sie rechts zusammenstricken.

## Maschenprobe

Diese ist notwendig, damit die Strickarbeit die richtige Größe erhält.
Glatt rechts mit Nadel Nr. 3,5:
26 M × 36 Reihen = 10 × 10 cm.

## Anleitung

Die Socke wird von oben gestrickt. Die Ferse ist eine nachträgliche Ferse.

### Schaft

Mit der Rundstricknadel Nr. 3 in Orange Melange 68 – 72 – 76 M anschlagen und 3 Runden im 2/2-Rippenmuster stricken, dann noch 6 Runden in der Farbe Vino in 2/2-Rippen stricken. Zwischen der ersten und letzten M der Runde einen Maschenmarkierer setzen = Rückseite der Socke.

Mit der Rundstricknadel Nr. 3,5 in Orange Melange fortfahren: Die Perlmuster-Rauten und das Zopfmuster nach der Strickschrift arbeiten (s. S. 92), dabei in der 1. Runde 1 M zunehmen = 69 – 73 – 77 M. Danach beiderseits des Maschenmarkierers je 1 M abnehmen (am Rundenanfang 2 M re zus, am Rundenende 2 M re überz zus) wie folgt: 7-mal in jeder 10. Runde = 55 – 59 – 63 M.

In 23 – 25 – 27 cm Gesamthöhe einen Maschenmarkierer für die spätere nachträgliche Ferse setzen.

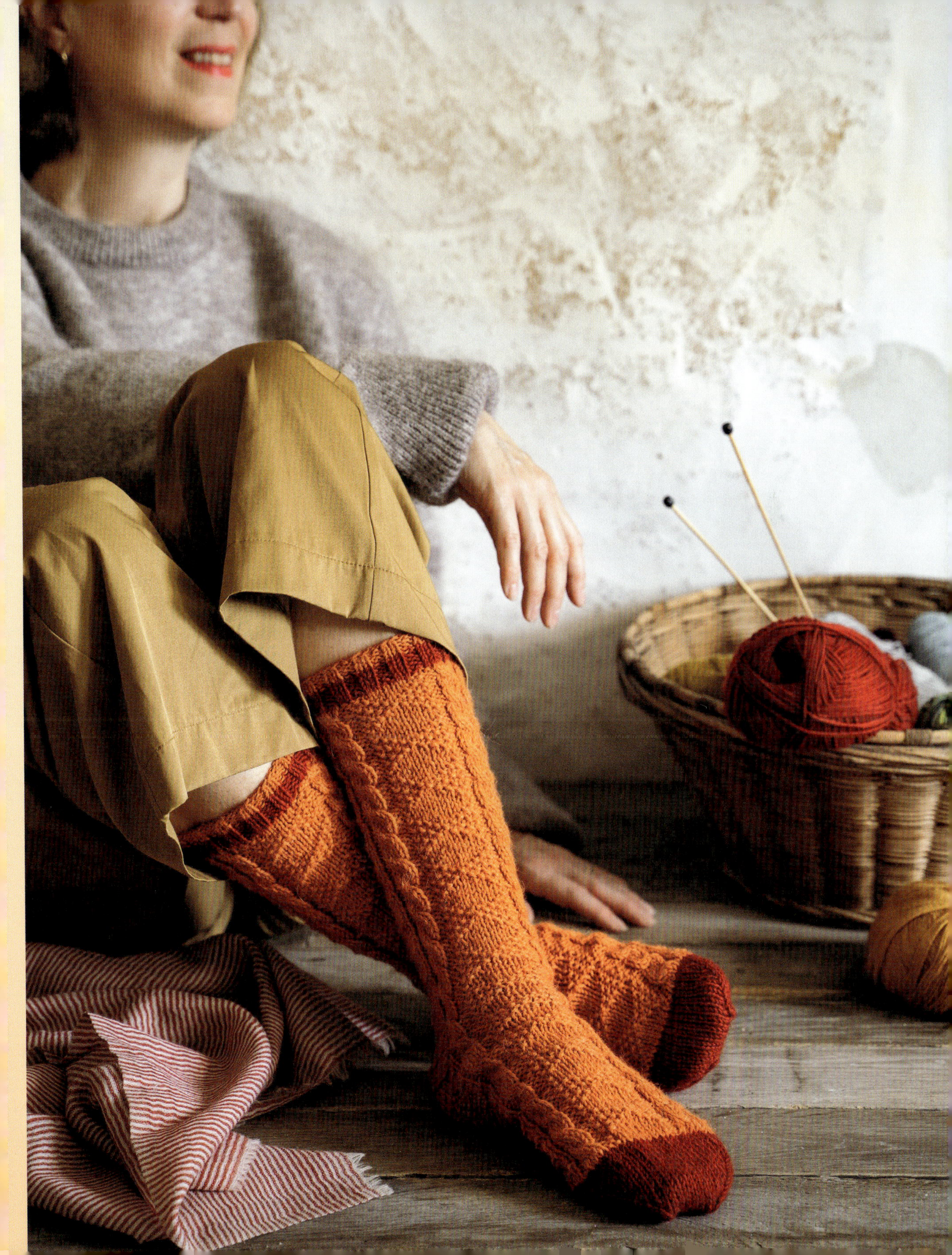

# MODELL 20 **Socken mit Rauten- und Zopfmuster**

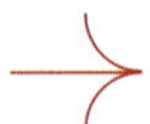

## Fuß

Noch 20 – 22 – 24 cm in Runden stricken, dabei das Muster des Schafts fortsetzen.

## Spitze

In der Farbe Vino 4 Runden glatt rechts stricken, dann die Abnahmen arbeiten wie folgt:

5. Runde: 10 – 11 – 12 M rechts, 2 M re zus, 2 M rechts, 2 M re überz zus, 23 – 25 – 27 M rechts, 2 M re zus, 2 M rechts, 2 M re überz zus, 10 – 11 – 12 M rechts = 51 – 55 – 59 M.

6. Runde: 9 – 10 – 11 M rechts, 2 M re zus, 2 M rechts, 2 M re überz zus, 21 – 23 – 25 M rechts, 2 M re zus, 2 M rechts, 2 M re überz zus, 9 – 10 – 11 M rechts = 47 – 51 – 55 M.

7. Runde: 8 – 9 – 10 M rechts, 2 M re zus, 2 M rechts, 2 M re überz zus, 19 – 21 – 23 M rechts, 2 M re zus, 2 M rechts, 2 M re überz zus, 8 – 9 – 10 M rechts = 43 – 47 – 51 M.

3 Runden rechts stricken.

11. Runde: 7 – 8 – 9 M rechts, 2 M re zus, 2 M rechts, 2 M re überz zus, 17 – 19 – 21 M rechts, 2 M re zus, 2 M rechts, 2 M re überz zus, 7 – 8 – 9 M rechts = 39 – 43 – 47 M.

1 Runde rechts stricken.

13. Runde: 6 – 7 – 8 M rechts, 2 M re zus, 2 M rechts, 2 M re überz zus, 15 – 17 – 19 M rechts, 2 M re zus, 2 M rechts, 2 M re überz zus, 6 – 7 – 8 M rechts = 35 – 39 – 43 M.

1 Runde rechts stricken.

15. Runde: 5 – 6 – 7 M rechts, 2 M re zus, 2 M rechts, 2 M re überz zus, 13 – 15 – 17 M rechts, 2 M re zus, 2 M rechts, 2 M re überz zus, 5 – 6 – 7 M rechts = 31 – 35 – 39 M.

1 Runde rechts stricken.

17. Runde: 4 – 5 – 6 M rechts, 2 M re zus, 2 M rechts, 2 M re überz zus, 11 – 13 – 15 M rechts, 2 M re zus, 2 M rechts, 2 M re überz zus, 4 – 5 – 6 M rechts = 27 – 31 – 35 M.

1 Runde rechts stricken.

Strickschrift - Zopfmuster und Perlmuster-Rauten

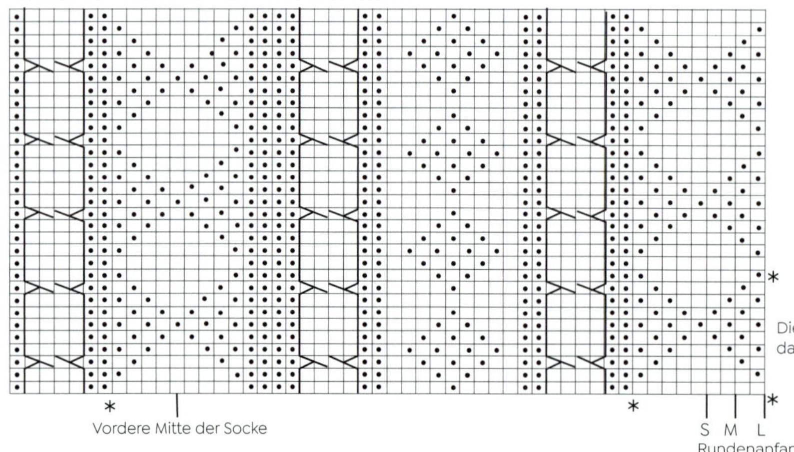


Diese 36 M und 10 Reihen von * bis * wdh (Rapport), dabei in jeder 6. Reihe die Zöpfe verkreuzen.

☐ Hinreihen: rechte M, Rückreihen: linke M

⊡ Hinreihen: linke M, Rückreihen: rechte M

4 M nach links verkreuzt

L = 40 / 41
M = 38 / 39
S = 36 / 37

19. Runde: 3 – 4 – 5 M rechts, 2 M re zus, 2 M rechts, 2 M re überz zus, 9 – 11 -13 M rechts, 2 M re zus, 2 M rechts, 2 M re überz zus, 3 – 4 – 5 M rechts = 23 – 27 – 31 M.

20. Runde: 2 – 3 – 4 M rechts, 2 M re zus, 2 M rechts, 2 M re überz zus, 7 – 9 – 11 M rechts, 2 M re zus, 2 M rechts, 2 M re überz zus, 2 – 3 – 4 M rechts = 19 – 23 – 27 M.

Alle M abketten, die Kanten aufeinanderlegen (die M des Fußrückens auf die M der Fußsohle) und mit einer Naht im Maschenstich verbinden, oder die offenen M auf 2 Nadelspielnadeln legen (ebenfalls die M des Fußrückens auf die M der Fußsohle) und im Maschenstich verbinden. In beiden Fällen den Faden nicht zu fest anziehen.

### Ferse

In 23 – 25 – 27 cm Gesamthöhe des Schafts in Höhe des Maschenmarkierers das Garn durchschneiden und beiderseits des Maschenmarkierers je 14 – 15 – 16 M auf die Rundstricknadel Nr. 3 aufnehmen = 28 – 30 – 32 M. Dann die entsprechenden 28 – 30 – 32 M der Runde oberhalb des durchgeschnittenen Garns aufnehmen = 56 – 60 – 64 M. Mit diesen Maschen fortfahren und in Orange Melange 4 Runden glatt rechts stricken, dann mit den Abnahmen beginnen:

5. Runde: 12 – 13 – 14 M rechts, 2 M re zus, 2 M rechts, 2 M re überz zus, 20 – 22 – 24 M rechts, 2 M re zus, 2 M rechts, 2 M re überz zus, 12 – 13 – 14 M rechts = 52 – 56 – 60 M.

1 Runde rechts stricken.

7. Runde: 11 – 12 – 13 M rechts, 2 M re zus, 2 M rechts, 2 M re überz zus, 18 – 20 – 22 M rechts, 2 M re zus, 2 M rechts, 2 M re überz zus, 11 – 12 – 13 M rechts = 48 – 52 – 56 M.

1 Runde rechts stricken.

9. Runde: 10 – 11 – 12 M rechts, 2 M re zus, 2 M rechts, 2 M re überz zus, 16 – 18 – 20 M rechts, 2 M re zus, 2 M rechts, 2 M re überz zus, 10 – 11 – 12 M rechts = 44 – 48 – 52 M.

1 Runde rechts stricken.

11. Runde: 9 – 10 – 11 M rechts, 2 M re zus, 2 M rechts, 2 M re überz zus, 14 – 16 – 18 M rechts, 2 M re zus, 2 M rechts, 2 M re überz zus, 9 – 10 – 11 M rechts = 40 – 44 – 48 M.

1 Runde rechts stricken.

13. Runde: 8 – 9 – 10 M rechts, 2 M re zus, 2 M rechts, 2 M re überz zus, 12 – 14 – 16 M rechts, 2 M re zus, 2 M rechts, 2 M re überz zus, 8 – 9 – 10 M rechts = 36 – 40 – 44 M.

1 Runde rechts stricken.

15. Runde: 7 – 8 – 9 M rechts, 2 M re zus, 2 M rechts, 2 M re überz zus, 10 – 12 – 14 M rechts, 2 M re zus, 2 M rechts, 2 M re überz zus, 7 – 8 – 9 M rechts = 32 – 36 – 40 M.

1 Runde rechts stricken.

17. Runde: 6 – 7 – 8 M rechts, 2 M re zus, 2 M rechts, 2 M re überz zus, 8 – 10 – 12 M rechts, 2 M re zus, 2 M rechts, 2 M re überz zus, 6 – 7 – 8 M rechts = 28 – 32 – 36 M.

1 Runde rechts stricken.

19. Runde: 5 – 6 – 7 M rechts, 2 M re zus, 2 M rechts, 2 M re überz zus, 6 – 8 – 10 M rechts, 2 M re zus, 2 M rechts, 2 M re überz zus, 5 – 6 – 7 M rechts = 24 – 28 – 32 M.

1 Runde rechts stricken.

Alle M abketten, die Kanten aufeinanderlegen und mit einer Naht im Maschenstich verbinden, oder die offenen M auf 2 Nadelspielnadeln legen und im Maschenstich verbinden. In beiden Fällen den Faden nicht zu fest anziehen.

Die zweite Socke genauso stricken.

### Und zum Schluss ...

**die Fäden vernähen. Falls notwendig die kleinen Löcher an der Ferse schließen.**

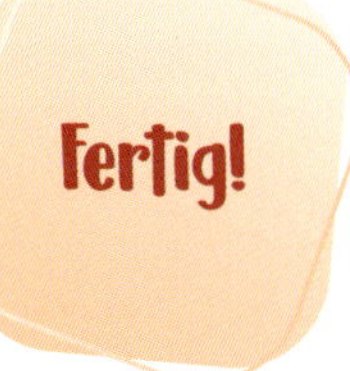

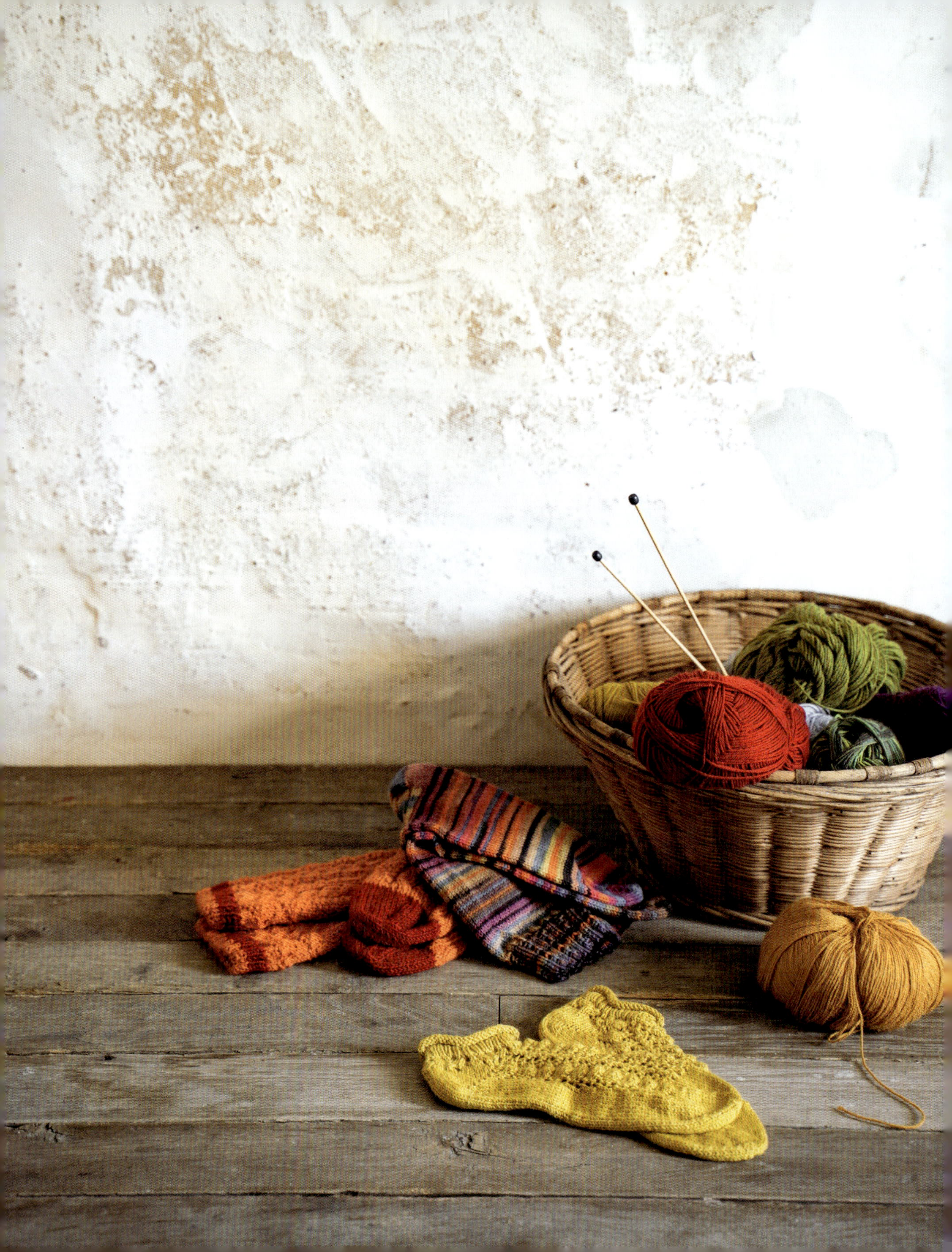

Ich danke Catherine Lecamur, die mit ihren Zauberhänden und ihrer Kompetenz all diese Socken gestrickt hat.

Frédérique Alexandre

ISBN 978-3-8094-4957-7

1. Auflage



Die Originalausgabe erschien auf Französisch unter dem Titel
*Je tricote des chausettes confortables et tendances*

Fotos: Fabrice Besse



**Umschlaggestaltung**: Atelier Versen, Bad Aibling

**Redaktion und Producing**: SAW Communications, Redaktionsbüro Dr. Sabine A. Werner, Dahn

**Übersetzung**: SAW Communications, Katrin Marburger

**Satz**: SAW Communications in Zusammenarbeit mit Anke Enders

**Herstellung**: Franziska Polenz

**Projektleitung**: Sibylle Lehmann



Druck und Bindung: Alföldi Nyomda Zrt., Debrecen

Printed in Hungary

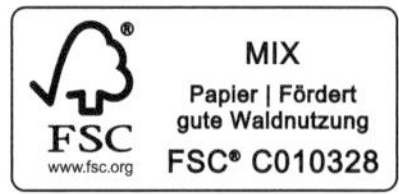


Penguin Random House Verlagsgruppe FSC® N001967